# 理想在雲端

IDEAL IN THE CLOUD

黄帅·著

经济日報出版社

黄帅的评论以浓烈的人文情怀，潜入文学、文化、社会生活的某些细节，呈现出当下现实和历史关联的宽阔景观。他以理想为天，以现实为地，在天地之间抒写思想与情怀。

——童明（木心作品的译者、美国加州州立大学洛杉矶分校英语系终身教授）

这是令人期待而欣喜的年轻人的书写。透过文字，给读者打开了一个富有激情而生动的新世界。

——冯雪梅（资深媒体人、《中国青年报》评论部主任）

读书，行路，阅文，阅人。黄帅以敏锐和执着一路勘问。藏理想于云端，取温暖在人间。

——邵燕君（北京大学中文系副教授）

这是一部以人文精神为底蕴，闪耀着思想火花的文化与时事评论集。阳光的背后是风，风的背后是云，在理想的云端，有作者的深思与洞见。

——龚刚（澳门大学中文系教授）

理想在云端，思考则在当下——黄帅的这本书谈经典文学，也谈三体现象和网红经济，每有会心，且常在时人激赏处有深切之拷问，而于时人指摘处表同情之理解，体现出一个青年学者优秀的人文素养和独立思考的锋芒。

——马兵（山东大学文学院教授）

一时代有一时代之批评家。黄帅作为 90 后一代批评家的代表，其文学批评和文化时评已经融汇了来自齐鲁大地的人文情怀、境外求学的精神视域和京城精神气息，又因与历史、经典、自我的精神对话，而将显现出“时代文化标本”的独特意义和价值。

——张丽军（山东师范大学文学院教授）

作者敏感而细腻，能够怀抱理想行走在现实之中，因此他的文字既有热情，亦不乏深度。不少人对黄帅兄的认知是“文艺青年”，其实他对文学的审视与解读，总能直击表象背后的社会存在与文化意识，并由此真挚表达自己的“怕和爱”。

——谷卿（中国社科院文学研究所博士后）

这里展示了一个文艺青年在犹疑、尝试与寻找的选择状态中的心路历程和生命感悟。理想虽在云端，但现实的道路已经呈现。

——石岸书（清华大学中文系博士生）

年轻的作家在自己写下的上下文里发现了自己秉性的来源，就像水稻田唤起了风。

——陈云昊（南京大学文学院博士生）

**图书在版编目（CIP）数据**

理想在云端／黄帅著. -- 北京：经济日报出版社，2017.8

ISBN 978-7-5196-0167-6

Ⅰ. ①理… Ⅱ. ①黄… Ⅲ. ①社会科学-文集 Ⅳ. ①C53

中国版本图书馆 CIP 数据核字（2017）第 169373 号

**理想在云端**

| | |
|---|---|
| **作　　者** | 黄　帅 |
| **责任编辑** | 林　珏 |
| **责任校对** | 薛银涛 |
| **出版发行** | 经济日报出版社 |
| **地　　址** | 北京市西城区白纸坊东街 2 号（邮政编码：100054） |
| **电　　话** | 010-63567691（编辑部）　63516959（发行部） |
| **网　　址** | www.edpbook.com.cn |
| **E-mail** | edpbook@126.com |
| **印　　刷** | 北京京华虎彩印刷有限公司 |
| **开　　本** | 710×1000 毫米　1/16 |
| **印　　张** | 14.75 |
| **字　　数** | 188 千字 |
| **版　　次** | 2017 年 8 月第一版 |
| **印　　次** | 2017 年 8 月第一次印刷 |
| **书　　号** | ISBN 978-7-5196-0167-6 |
| **定　　价** | 38.00 元 |

# 青年作家的水稻田与风

——序黄帅兄新书《理想在云端》

文学和写作对我们来说意味着什么？

这个问题是我在读白先勇的文章的时候冒出来的。白先勇在他二十多岁的时候，住在台北的松江路与长春路的交口处，推窗出去是一片生机盎然的绿色的水稻田。在五十年代，这是台北最大的一块野生地。在这片绿色的氛围中，他从中学进入大学，后来又和大学同学一起创办了《现代文学》杂志。在他赶稿子的间隙，抬头就能看到窗外的水稻田。我隐隐觉得，这片在他的文学作品里反复出现的水稻田，有一种风一样的力量。年轻的作家在自己写下的上下文里发现了自己秉性的来源，就像水稻田唤起了风。

半个多世纪以后，同样是二十多岁的我们，还能在稻田里获得生养的力量吗？或者，还有这样的水稻田吗？没有这样的泥土，现在的白鹭鸶又该飞到哪里去呢？

父辈曾经在大地里建立的生活关系和生命感觉，对年青的一代而言，要去异地重新寻找。这时的我们尤其需要那股从时间的深处与空间的远处吹来的风，它带来熟悉的泥土的气息，将我们的理想托起。文学在这样的一两个时刻成为我们灵魂的凭托。于是，文学意味着一种生活方式的唤醒——我们的行事借它书写为上下文，有时它回溯到我们的痛苦的诞生；有时它为无根的生活排列出韵脚；有时它在覆写中写出了我们是谁……

我还记得几年前在济南街头的夏风中，和黄帅兄讨论着理想，争论着见解。几年一晃就过去了，我回想着和你刚认识的时候，我们既走在黑灰色的街上，又像是散步在云端。那时候的天空真蓝，希望你的内心中也始终有这样的天空。

是为序。

陈云昊

（南京大学文学院博士生）

# 目录

## 第一辑

**第二辑**



**第三辑**

**第四辑**



**第五辑**

理想在云端

# 第一辑

理想在云端

# 孤独的咏怀

“有一个湖总是走不厌。开花的早晨，初月的黄昏，疏星淡月的夜晚，甚至是夏日的静午，我们就是这样一圈一圈地走着。总是希望这路是无尽的，总是觉得这沿湖而行的时间太短暂。”（《依依柳岸》）1955年，谢冕先生从遥远的福建来到北京大学中文系，从此与燕园结下了一生的缘分。五十多年后，他结集回忆文章，编成了《红楼钟声燕园柳》一书。

初读此书之时，我还是一个对大学生活抱有诸多理想主义幻想的中文系本科新生，五年多过去了，那些理想有些已经实现，有些正在努力追寻，而有些不切实际的幻梦陆续破灭了。五年前，我并没有想到自己未来会与北大发生什么联系，因为在那时候，北大清华不过是老师与父母口中应试教育最强通关者的顶级荣誉，而我那时对这种荣誉并没有强烈的企慕之心，甚至心底对此是有一些轻狂的不屑。这一状况在进入大学后得到了根本的改变，应该说，本科初期钱理群、陈平原、谢冕、乐黛云等北大学者的“启蒙教育”给了我全新的精神指引，我开始近乎疯狂地阅读大量有关北大、有关大学精神、有关知识分子研究的著作。但是，我在真正意义上与北大结缘，还是在2011年。年初，我独自踏上北行之路，在寒冷肃杀的冬日里游遍了北京的著名高校，并初次邂逅了燕园风貌。半年后，我做出了考研北大中文系的决定，并用之后的一年多时间专注于此事。现在看来，这个决定彻底改变了自己的人生轨迹，它让我收获了太多，同时，在有些方面，我也为此付出了沉重的代价。但我至今都没有后悔这一决定，因为正是它激发了我潜在的能量，并源源不断地为我提供继续前行的动力。

“我们之所以相信存在本身并非终结，是因为最美好的生活还未到来。若对周身的一切缺乏一种洞悉力，这存在本身竟也变得模糊不清了。人必存在于状态与过程中，存在本身才不会成为结果。正是由于未然之物的夺目光彩，才反照今日庸常生活的沉静之美。对于新生的渴望塑造了对于生活的态度，如果连从心底喊出‘时间开始了’的机会都没有了，所谓期待又何以成为习惯。这习惯总是令我感到坚实而欢欣，继而回溯内心，便可涤荡浮躁的灵魂。每至校园沉入暮色，眼下一处静谧的湖水，总能洗除心中的躁动与焦灼。然而每至深夜，深邃的水面下却似有暗流涌动。我看到璀璨的星光在夜的温柔中黯淡下来，变作湖底水草间的灰色精灵。而这星光的暗影终将随水波泛尽而逝——尘土从垂幕上滚落，星眼在夜风中上升。2012年初夏，我曾在燕园写下上述的文字。彼时于我而言，北大对我产生了巨大的精神感召力，我仿佛一个刚从襁褓中醒来的婴儿，沐浴在知识与思想的海洋里，我时常被启蒙的阳光刺得睁不开双眼。回首往昔，那真是一段阳光灿烂的美好日子，在那个时候，一切都是新的，学术、文学、爱情构成了梦想的三重变奏。“我们像是中了邪了，或者都像是恋爱中人，时时刻刻，只是想着、念着，抹也抹不去，想忘也忘不了。我们都钟情那湖，热爱那湖……”（《依依柳岸》）谢冕先生在书中的这段叙述，若我现在读来，那必然是两颊绯红了。一往深情没有错，但这种诗歌的语言大概也只属于那晶莹剔透的年少之时，一旦心底的热血冷却下来，就不免感到矫情。但是，直到今日，我都能理解谢冕先生对燕园的依恋。因为，一座院子，一汪湖水，临轩谈笑，满纸烟霞，正是所有曾经为这理想主义而洒下热泪的青年都不能忘却的记忆。

2013年，我带着这种记忆南下澳门，同时也带上了一份惶惑与苦闷。两年时光又一晃而过，再次置身于燕园的怀抱中，此时于我而言，北大已经不再是纯粹的精神偶像，那份急切的郁热逐渐冷却下来，在不同的文化环境的比较里，我听到了更多的是燕园中那些苦闷沉郁的声音，甚至是颇为滑稽与喧闹的身影。

但是，这并没有让我夺去最初对北大的想象，反而多了一层理解，多了些许宽容。这种理解和宽容不只是对于燕园而言的，更是对自己那颗炽烈的心的某些慰藉吧。这两年来，我体验了理想高歌猛进后的强烈失落感，也经历了重拾理想逐渐走向成熟的人生历程，在削去了锋芒与隐匿了锐气后，我终究不再是当年那个心无所恃的白衣少年，但是，这份沉甸甸的记忆却让我时刻不能忘怀曾经，毕竟，那些呐喊与狂惑皆源于此，那些快乐与苦痛亦因此而生成。

初到港澳之时，我曾经一度十分苦闷与迷茫，开始对过于美好和崇高的事物表示怀疑，就像窥见了极盛之后的衰败。我活得小心翼翼，是因为曾经的信誓旦旦变成了今天的笑话。我畏畏缩缩地活着，只是证明我还活着，仅仅是活着。而曾经那些灿烂曼妙的时光，早就沉到了湖底，成了烂在泥里的骨骸。好在，这种状况没有维持太久，我逐渐地找到了生活的定位，并决心两年后回到北京。重读谢冕先生和他对北大的叙述，当年纯洁的幻影已经被复杂的现实取代，心情未免有些落寞，毕竟热血时代已经落幕。但是，当我读到谢冕先生笔下那些郁热的文字，忽然有些感动。这些文字，我曾经以为自己懂了，其实只是肤浅的识读而已，就是今日，我又怎么能说自己真的读懂了呢？

“这里有向着习惯思维和因袭势力勇敢抗争的那些富有历史预见和进取的思想，在那个迷蒙的时刻发出了动人的微光。作为时代的骄傲，它体现北大师生最敏感、也最有锐气的品质。与此同时，观念的束缚、疑惧的心态、处于矛盾的两难境地的彷徨，更有年轻的心因沉重的负荷而暗中流血。随后而来的狂热的夏季，多雨而湿闷。轰然而至的雷电袭击着这座校园，花木为风雨所摧折。激烈的呼喊静寂以后，蒙难的血泪默默唤醒沉睡的灵魂。他们在静默中迎接肃杀的秋季和苍白而漫长的冬日。

那颗偶然落下的种子不会长成树木，但因特殊的条件被催化而成熟。都过去了，湖畔走不到头的花阴曲径；都过去了，宿舍水房灯下午夜不眠的沉思，还有轻率的许诺，天真的轻信。告别青春，告别单纯，从此心甘情愿地跋涉于泥泞的长途而不怨尤。也许即在此时，忧患与我们同在，我们背上了沉重的人生十字架。曼妙的幻想，节日的狂欢，天真的虔诚，随着无可弥补的缺憾而远逝。我们有自己的青春祭。从这个意义上说，这校园与我们青春的希望与失望相连，它永远。燕园的魅力在于它的不单纯。就我们每个人说，我们把青春时代的痛苦和欢乐、追求和幻灭，投入并消融于燕园，它是我们永远的记忆。未名湖秀丽的波光与长鸣的钟声、民主广场上悲壮的呐喊，混成了一代人又一代人的校园记忆。”（《永远的校园》）

“燕园的魅力在于它的不单纯”，谢冕先生一生经历了岁月跌宕与人情世故的浮沉后，依然保持了一颗孩童的初心。经历得多了，人情便愈加练达起来，这是普遍的规律，但谢冕先生的人情练达不是世俗意义上狡猾的老成，而是对历史、对世事有了更多的“同情之理解”，这种境界并不是每一个历尽世事的老人都能达到的。此番重读《红楼钟声燕园柳》，前半卷对北大历史与生活的叙述，似乎对我已经没有很强烈的吸引力了，反而是谢冕先生在后半卷中大量追忆故人的文字让我频频扼腕叹息。

在谢冕先生追忆的北大人中，有蔡元培、林庚、王瑶、吴组缃、季羡林、金克木等师长，也有佘树森、温小钰等同辈友人，还有海子、程文超、苏秉锡等晚辈学子，其叙述之沧桑沉郁，令人不胜唏嘘。

“年来师友不断谢世，我对于生死的事也变得麻木了，伤感之余往往悟到人生原来是场悲剧。”（《那些日子里的欢乐和痛苦》）时光留给先生了太多“天际飘飞的亘古的思念与哀伤”，这让他更加珍惜所有美好的记忆。对于同辈人，谢冕先生心里始终有一座座沉甸甸的坟，几乎六十年过去了，并不是所有人都能避开历史的跌宕与命运的翻覆，斯人陆续逝去，如同飘零纷落的枯叶，昔日大学同窗要么死在青春结束之前，要么在风烛残年的暮年日渐垂老，谢冕先生依然能够尽量克制地叙述这些历史，这又需要何等的勇气与智慧？

面对这些人生经历，谢冕先生也曾借追忆金克木先生，点破了“咏怀永远是孤独的”的人生哲理。回顾往昔的生命，他将自己比喻成“草地上飘飞的蒲公英的一颗种子”“流向远方的一道平常水”，他不急不慢但又不免哀伤地叙述道：“要是它有光亮，那也只是夏天夜晚划过天空的一颗流星，它曾经发光，它最终也归于黑暗。”（《平安夜话》）

若是谈及生命之永恒无非痴人说梦，而追求文章之不朽又岂是易事？北大最令人着迷之处不在他处，而在于无论中国社会如何变迁，总有一些人没有忘记在燕园仰望星空，总有一些人还会为历尽尘霾后窥见满天星斗而洒下热泪。若非如此，当我们到了谢冕先生今日之龄，又怎能保证不后悔青春之时的畏缩与徘徊呢？尽管，在历史的长河里，我们终究也不过是一朵浪花，或许只有这一处园子与湖水永不会消失，正如谢冕先生在追忆王瑶先生时所述，“许多有用的人都不在了。我依然默默地走过镜春园七十六号。大门依旧，石狮依旧，老槐依旧……”

# 失败的情欲

在中国当代作家里，张贤亮的经历谈不上最坎坷，其作品的文学水平也不算最顶尖，但每观其人其文，却总让我心惊动魄，刻骨难忘。

同样是写性与政治，张贤亮没像米兰·昆德拉一样充满哲学遐思，他的理论自觉也不及同类作家，书写内容更不是最裸露的（即使在20世纪80年代初也不算最生猛的），但他却是最让人捉摸不透的。

政治运动在张贤亮作品里是原罪，长期的囚徒生活严重摧毁了“章永璘们”的身心健康，不仅是肉体饥饿的折磨，更是精神的痛苦与创伤。很多作家在直面这种压抑的时候，都是以“我”或者固定人物来讲述的，比如章永璘的背后是张贤亮，王二背后的王小波，至于郁达夫直接以“我”作为自叙传小说的主人公。在书写情欲的作品里，作家本身的影子总是频频出现，这或许不是文学史上的偶然，而是有人性流变的内在规律。

吊诡的是，张贤亮没有把痛苦写入这些经历，这与当时以控诉、批判为主流的伤痕作家十分不同。在我眼里，这正是张贤亮勇敢、或者说是生猛的一面，他直接超越了知识分子的哭哭啼啼与絮絮叨叨，直面了最苦难的岁月。很难讲这源自他的文学自觉，我更相信这是一种身份自觉。

张贤亮后来回忆自己被折磨的经历时说：“人家在玩你，你在接受批斗，一定有另外一个自己站出来，注视着这个场面，要不然我怎么活下去。像我这样的遭遇，一般人根本活不过来。我对折磨我的人充满了怜悯。”

民国公子哥出身张贤亮自带“主体”意识，这是很多评论家刻意或者无意间忽略的。无论是早年写《大风歌》，还是“归来”后的写作，他对时代的参与热情，固然有那个时代共有的情绪，但更在于他源自童年身份的“主人”意识。

这种意识被他巧妙地转化为一种文学上的“主体”意识，而在改革开放后的“新时期”，张贤亮实际上是重返了“主人”意识，尽管偏居宁夏，并非居于文化中心，却为自己打造了一个稳固、精致的堡垒。在这个堡垒的世界里，张贤亮就是主宰，就像他在小说里毫不隐讳地展现的强力姿态。

一些研究者把张贤亮的小说归为“男子汉文学”，似乎是为越来越娘的文坛风气加以反拨。标签化、类型化的姿态，恐怕不是张贤亮想要的。但文学史的惯性，总是偏爱在历史化的同时，为刚刚露面的新作品、新作家添加既有的流派、圈子的便签，以方便此后文学史叙述的方便。我不觉得这是有人在偷懒，而是文学本身内在的矛盾。

张贤亮对这个矛盾似乎很早就有发觉，尽管他未必是主动而自觉的，很多时候这恰恰出自优秀作家的无意识流露。政治上的创伤不是所有人都亲历的，但情欲的压抑与创伤却总能激起旁人的共鸣。而情欲或反情欲的书写，是不能被纳入“伤痕”“反思”“改革”之类的便签叙述的，它是切中人心的，是易于流传而恒久的。

漫长的煎熬终于换来了巨大的回报，借助对被压抑的情欲的叙述，张贤亮登上文坛中心，进而成为当代文学史的经典作家。历史的逻辑有时很诡异，它往往在人们最意想不到的时候，来一个彻底的翻盘，被倒置的概念背后，也是诸多生命逆转的痕迹。

只是，我依然搞不清楚，张贤亮“征服”作者、并为自己的“正确性”论证的来源，是性欲还是情欲。当其野蛮、酷烈的欲望跃然纸上时，我想它就是赤裸裸的性欲。但马缨花的温柔缱绻，母性的温情，又让我相信这是情欲式的书写。或许，此二者本身就密不可分，难以拆辨。

情欲相比性欲，褪去了本能欲望的生猛野蛮，经文人的诉说，便增添了伦理性的一面。情欲的妙处，不在于爱侣间的耳鬓厮磨，而在于个人独处时内心的低吟浅唱。爱人的眼波流转与曼妙身姿，早就被人类纳入了伦理的范畴，而能展现情欲最本真一面的时刻，确是个体面对这种无处排解的寂寥时的瞬间。在天才的作家那里，这是最隐微、也是最隐晦的细节。

一个活得天然、无忧无虑地人，大概是没机会直面这样的个体情欲的，当然，这也不是什么坏事。只有在被压抑的语境中谈论个体情欲，方显情欲本真与可贵。诉诸于弗洛伊德的说法，这恰恰源自现代社会对本能的压抑。西方人发现了这个人性的秘密，并以科学方式加以论证、呈现，中国古代圣贤参透了伦理、社会关系的真理，夫子们却没能留下关乎情欲话题的只言片语。孔孟避而不谈，宋以后干脆“存天理，灭人欲”了，而“五四”以来的读书人，骨子里普遍有着这样一个情结：激烈地反抗千年来的压抑。这种压抑表层上看是政治性的、知识性的，本质上却是情欲的。

青春期时的我沉溺于古典圣贤的教诲，不谙西学的奥妙，虽早就涉猎到弗洛伊德及其诸继承人的学说，却直到大学后才服膺于此。我在回忆大学以来自己的阅读史、精神史的时候，在为自己不断西化、当代化而欣喜之时，其实内心也有诸多落寞。或许在未来的某一天，我还会重返传统的世界，但不可否认，对情欲的觉醒与清醒的认知，是内心真正的启蒙运动的开启。

情欲被压抑，有人转向愤怒与戾气，有人转向孤独甚至自戕。很难讲这二者孰优孰劣，知识分子喜欢以社会伦理规则批评前者，以矫情的姿态讴歌后者，尽管我也不能摆脱对情欲孤独的偏爱。蒋勋在《孤独六讲》里视情欲孤独为“第一个孤独”，伦理性的、社会性的孤独则被列在末位，大抵反映了读书人的普遍态度。

而情欲一旦被转化成个体性的孤独，其暴虐酷烈的一面也就逐渐消弭了，转而带有脉脉温情与伤感，呈现在文学里便是优雅的、高贵的。

很多年来，写下诸多“纷纷的情欲”的木心的贵族气与优雅美令我心魂摇曳，此特质也是再严苛的文学批评家也不能否认的一点。更吊诡之处在于，木心是在常人眼中的中晚年“追忆”着纷纷情欲，这与很多天才文人在青春烂漫时的情欲书写有本质不同。其呈现的面貌，是后置式的、溯回式的，少了一分躁动与狂野，多了一层优雅与厚重。

但情欲一旦以追忆的方式书写，就是失败的、伤感的，在张贤亮、木心的作品里，总是有种浓得化不开的苦涩的美感，或许便源于此。而“少年维特之烦恼”则不然，其情欲不是追忆的，不是后置的，是荷尔蒙最澎湃的岁月的直抒，是烂漫光阴里最动人的故事，是正在进行的青春诉说。

情欲不是用来老来垂泪的，不是让记忆凭吊的。对已经失去青春悸动的人而言，情欲永远是失败的，而这个失败永远不能挽回。

# 当代文学画廊里的小镇青年

“故乡在哪里？我看不见她。”这大概是进入大城市后的小镇青年的共同心声。作为对社会现实影像的折射，小镇青年的形象也登上了当代文学史的舞台。他们时而雄心勃勃，时而焦虑苦闷，他们对身份的迷茫、对梦想的追求，他们生命的飞扬与落寞，时常令旁观者时而击节赞叹，而又唏嘘不已。

鉴于文学史家对此并未有明确命名，我暂且将这类作品称为“小镇青年文学”，它的出现、发展与中国的城市化进程呈正相关。纵观当代文学60年，这类文学及其人物形象在晚近时期才登场，大致时间应该在20世纪80年代后期，在新世纪以来逐渐形成高潮。

事实上，在新中国成立以来的30多年里，乡土文学（或称农村文学）和革命文学是当代文学的主流，所谓“三红一创、保林青山”都是此类经典，就连城市文学也十分薄弱，只有《上海的早晨》这样的个别作品值得一提。这当然与中国以农业为主的经济基础有关，但改革开放后，一方面，中国城市化加速，大量农村人口流入城镇，与此同时，城乡差距也在加速拉大，这就导致处于“中间地带”的小镇青年角色凸显。

路遥就是第一位对小镇青年进行摹写的著名作家。严格来说，《人生》《平凡的世界》中的高加林、孙少平等人物出身农村，但他们靠个人奋斗得以获得了城市生活体验，但即便是定居小城市对他们而言，也是一个遥不可及的梦。用今天的网络热词来讲，高加林便是那个年代的“凤凰男”，他志向远大、自尊心强，寒门出身却热爱读书、关心时政，但又有自私、自负、虚荣的一面。这些特点以高加林在爱情中的矛盾心理来凸显，他渴望成为城市女孩黄亚萍的“俘虏”，抛弃了来自乡土却纯洁、善良的刘巧珍，他最后也没能在城市留下，在孤独中回到农村。

高加林的命运沉浮无疑是当时同类人的典型轨迹，不过，随着中国城市化的推进，“进城”不再是最大的难题，因此，“高加林们”留在了城市里，但他们依然要面临着城市生活的挑战。从“花街”走出的70后作家徐则臣笔下的人物几乎都是小镇青年，他们来自南方小镇，却加入了北漂青年的浩荡大军。《跑步穿越中关村》里的敦煌、《啊，北京》里的边红旗、《西夏》里的王一丁，这些人物都是北京的边缘人，干着办假证、卖盗版光盘这样低微的工作，还要时刻面对旁人的冷眼、家人的职责，他们不仅物质匮乏，在精神上也十分无力。但是，北京这座城市总能激起他们狂野的幻想，而重返凋败的故乡也是不可能的事情。走出书本，这类人物活生生地存在于我们身边，只是大多数人对他们视而不见。

喜欢塑造这些“灰色地带”的边缘人物的写作者，大多也是有亲身经历的城市漂泊者，对他们来说，很多创作带有自叙传的影子。因此，近年来，越来越多的“小镇青年文学”呈现出了非虚构的风格，比如在文学圈子里有名的“北漂伤痕文学”，就是这类作品的典型。也正因为它们植根于真实的故事，这些小镇青年的精神痛苦、心理创伤才能更真实地呈现出来。

北漂作家远子的《十七个远方》就是其中的代表作，这部作品放弃了完整的故事叙述，只有一个个蒙太奇式的影像瞬间。“国贸的地下王国”“五环边上的灯塔”“夜幕笼罩三里屯”“六郎庄的日与夜”等等，我们对这些故事的场景、人物并不陌生，他们可能是住在城中村里的“蚁族”，可能是在拥挤的高峰期郊区巴士里挥汗如雨的“搬砖族”，也可能是在灯光昏暗的廉价酒吧里的买醉者，他们来自无人知晓的小镇，他们的未来在哪里，谁也不知道。

相比这些还在奋斗中挣扎、在迷茫中探索的小镇青年，有些年龄稍大、处境更糟者的命运已经“天注定”。作家方方的《涂自强的个人悲伤》中塑造了一个不向宿命低头的青年，主人公涂自强被家族赋予了光宗耀祖的使命，但出身寒微的他却被学业、工作、疾病、贫困一次次击倒，直到连“反抗绝望”的可能都不再有。涂自强失败的奋斗背后是中国无数同类青年的眼泪，时代赋予了他们从灰色地带走出的可能，但大城市却摧毁了这个幻梦，不仅是下层青年渴望进入上层社会的失败，也是中国阶层流动逐渐缓慢的现实。

但是，眼泪除了让小镇青年唤起内心的悲情，根本无助于解决现实问题。这大概是一代人难以逃避的宿命。如果我们把视线拉长，在西方文学的画廊里，早有《红与黑》里的于连、《高老头》里的拉斯蒂涅、菲茨杰拉德笔下的盖茨比等经典的形象，他们也有着对大城市和上流社会的幻梦，但在自我压抑、忍辱负重甚至扭曲人格后，他们真的得到初心所愿了吗？对此，文学大师们并没有给我们乐观的答案。但在现实惨淡之外，文学画廊还是给了小镇青年一席之地，这或许也是某种程度的精神慰藉吧。

# 历史的“补白者”王朔

自王朔于20世纪80年代后期登上文坛以降，其扑朔迷离的创作路径与戏谑嬉皮的叙事风格令其始终是文坛内外的焦点人物。而在商业大潮扑天而来的九十年代里，王朔“嬉笑怒骂皆成文章”，时而涉足文坛，时而搏浪于商界，这便使得世人难以清晰描述他那“凡事皆不合规矩”的另类思维。面对王朔的作品，社会上不同阶层的人对其自然有着不同的评价，但似乎没人质疑王朔对当代文坛的冲击力之猛烈。在1988年，王朔的《顽主》《浮出海面》《橡皮人》《一半是火焰，一半是海水》四部小说被改编成电影并引发热议，而进入九十年代后，王朔又创作了以《动物凶猛》为代表的畅销小说（后被改编成著名电影《阳光灿烂的日子》）。在八九十年代之交的中国社会，王朔的出场看似是个偶然事件，但结合历史脉络分析，王朔现象却有其必然性与合理性。

在20世纪80年代文学进程戛然而止后，经过两年多迷惘与调整期后，中国社会在1992年后全面转向了市场经济与重商主义，王朔恰好于此时在文坛名声大噪。在王朔的作品中，他对知识分子的启蒙姿态的嘲讽令人印象深刻，“中国社会最可恶处在于伪善，而伪善风气的养成根子在知识分子。”而在1993年“人文精神大讨论”中，成为学院派“公敌”的王朔也毫不示弱，他放出狠话：“有几个文学博士的文章，真好像是清朝的最后一批秀才，学了一身的本事，只会做没什么用的八股文章，英雄无用武之地，字里行间都充满了一种莫名的愤怒。”王朔对知识分子启蒙姿态的反讽，或许其并非刻意为之，而是内心想法的真实表达。

从王朔的成长履历上来看，他从没有过任何学院派的求学与生活经验，其气质与志趣与学院派知识分子不一致也无可厚非。然而，问题的关键在于，在20世纪八九十年代之交的社会形态下，更多人似乎把兴趣放在了王朔式的嬉皮戏谑上，而不再认同知识分子的启蒙精神。在一个旧有的意识形态话语开始松弛的时候，与之相伴的便是社会风气的混乱与喧嚣，继而是社会价值观的多元化。这种多元化的趋势冲击了知识分子群体对社会的想象，也弱化了知识分子话语对大众的影响力。用李泽厚的话说，自“五四”以降，中国的知识分子就在启蒙与救亡两面大旗下前仆后继地推进文学与社会的现代性演进，但在90年代“告别革命”的历史语境下，知识分子的启蒙精神已无用武之地。启蒙问题到了这个历史闸门时，其社会轰动效应渐渐隐退。

在启蒙“光晕”萌生之时的大陆彼端，康德早已写下雄文《回答这个问题：什么是启蒙？》，开篇便宣告：“启蒙运动就是人类脱离自己所加之于自己的不成熟状态，不成熟状态就是不经别人的引导，就对运用自己的理智无能为力。当其原因不在于缺乏理智，而在于不经别人的引导就缺乏勇气与决心去加以运用时，那么这种不成熟状态就是自己所加之于自己的了。”受西方思潮影响，20世纪80年代的知识分子或从中西比较的角度，或从批判传统文化的角度，各自进行了对中国现代性的理智思考。但在市场经济的冲击下，中国社会的资本化趋势愈发加强，正如马克思预言的那样：“生产的不断变革，一切社会状况不停的动荡，永远的不安定和变动，这就是资产阶级时代不同于过去一切时代的地方。一切固定的僵化的关系以及与之相适应的素被尊崇的观念和见解都被消除了，一切新形成的关系等不到固定下来就陈旧了。一切等级的和固定的东西都烟消云散了，一切神圣的东西都被亵渎了。”在这样一种“亵渎”与“烟消云散”的状况下，启蒙、革命、救亡、理想主义等曾经宏大而神圣的概念被解构，取而代之是整个社会对一种世俗化的直观感受。王朔的叙事冲动就来自这样一种解构一切的心理，这也就不难理解他对知识分子的反讽与对启蒙伦理的嘲弄了。

王朔解构的不仅是知识分子的启蒙角色，还有官方意识形态的话语权威。在王朔的叙事中，主人公时常一边念叨着毛主席诗词和各种红色语录，一边在“京片儿”的骂骂咧咧中做着庸俗甚至下流的事情。这种奇特的场景在当时可算是惊世骇俗，在《动物凶猛》的结尾，王朔更把这种极端书写的气质展现得淋漓尽致。主人公马小军穿越北京中心区域后，完成了他对暗恋已久的“女神”米兰的强暴行为。但这一切发生得是那么顺其自然，甚至合乎人性。在他实施犯罪后满足的狞笑中，北京城正在酝酿一场惊天巨变，马小军青春的躁动与狂野却在“文革”结束后以一种“阳光灿烂”的色彩被书写。这种颇具张力的叙事，在文学史上是极其罕见的。在面对文本最后呈现出的泳池的一汪清澈，曾经凶猛过的荷尔蒙已经被岁月调解到寡淡无味了，而回忆起过去，却竟然是模糊。一旦人到中年，好友们在觥筹交错间流露中言不由衷的笑脸，这便是青春消泯的最好良证。

《动物凶猛》出版于1991年，反观此前，整个20世纪80年代对理想主义的追逐不啻于一场青春的狂欢。包括知识分子在内的许多读者都对《动物凶猛》营建的情绪念念不忘，却又说不清这部小说到底妙在何处。然而这正是王朔的高明之处。与其说读者们是被王朔打动，不如说是被自己已经逝去的青春而感伤，为一个理想主义光晕还在的时代永不再来而感伤。

也正因此，“王朔热”表面看上去显示了通俗文学对精英知识分子话语权的冲击，但实质上是文化界“一个愿打，一个愿挨”的解构游戏。90年代初，从知识分子到普通读者对王朔的态度即使不是好感，起码也是轻松无压力的。当时，文化界“荒原”般的状态使王朔这匹“荒原狼”戏谑的嚎叫击破了人们的紧张感，王朔对启蒙话语的解构令“心存天下”的80年代一代人回归日常生活的叙事心理中。原本不起眼的王朔迎合了时人的心理，在不经意间竟开创了“历史”——告别“广场”而回到“民间”的人们逐渐消弭了难以言说的焦虑与无名的创伤，悄然间完成了由80年代文化理想到90年代物质信仰的转变，完成了由“指点江山”的精英文化到“生活至上”的大众文化的转变。

从这个意义上讲，王朔的小说虽然不合知识分子的启蒙诉求，却在对人性的辛辣讽刺中触及了学院派们写不出的深刻与复杂，或借助真实的生命体验写出了一代人对历史岁月跌宕的复杂情绪。他借助丰富的市民生活体验与时代敏锐感，挑战了文学的启蒙范式。在《动物凶猛》中，宏大热烈的“文革”政治背景被青春的喧哗与躁动取代，就连“革命加恋爱”的经典模式都被抛弃，整个文本都弥漫着旺盛的荷尔蒙的气息。有人认为王朔的作品过于哗众取宠，但这正是王朔的“狡猾”之处。面对沉重的伦理说教，浸润在大众文化潮流中的读者们并不买账，而王朔拿嬉皮的青春荷尔蒙“置换”严肃的启蒙伦理的行为却得到许多人的追捧。

事实上，知识分子与王朔都被大众文化绑架了，只是面对这不可逆转的趋势，王朔看透了且敢承认，而大多知识分子没看透，或者看透了也不敢承认，面对大众文化与经济大潮，知识分子的启蒙姿态与精英立场面临考验。因之，能理解而推崇的王朔的知识分子，应是看到了知识分子在当代社会中的尴尬位置与局限性。继而言之，在大众文化的视域下，如何重新定义“知识分子”的涵义就成了一个严峻的问题，而王朔提供给我们一条路径，只是以一种极端夸张的方式告诉我们。福柯在后现代的视角上曾认为今天的启蒙任务应当是：脱离我们自身强加于自己的好像成熟状态，致力于寻觅我们的童年，即未成熟状态。福柯从哲学上对“启蒙”做出质疑，不是为了单独反对某种死的教条，而是为了永久启动某种哲学态度。这种态度，是对业已发生的历史与现时代时间感的“永久性批判”。从这个意义上讲，王朔也算是个“启蒙者”，甚至在对知识分子的种种缺陷大施针砭之后，他自己也说：“我在多年写作中已经变成一个知识分子。这变化使我非常不舒服又无可奈何。”他的文学书写很可能正是这个社会的真相，而反思王朔现象的价值也在于此。

王朔擅长在漫不经心的叙事中凸显一种怀疑一切的解构力量。在《动物凶猛》中，“文革”的宏大叙事被拆解为一个青春期少男在北京都市街头游荡经历的情感叙事。小说主人公马小军身上有三重形象：军区大院里长大的少年，首都城市的巡游者与有一把“万能钥匙”的小偷。这三个形象构成了马小军的复杂面貌，他时常偷入民居，却喜欢朗诵毛主席语录；他喜欢米兰，却因为得不到而强暴了她。在他油嘴滑舌的姿态之上，我们似乎并不反感这样一个真实的形象，而是被王朔的叙事吸引，与马小军一起游荡北京城。本雅明曾浓墨重彩地书写波德莱尔这个巴黎都市的浪荡子，他的诗作触及了光怪陆离的现代性体验。而北京在游荡者马小军（或者说是王朔本人）的瞩目下，引领读者穿梭过青春斑驳的岁月，其真实感令不少读者大呼过瘾。

而在语言的运用上，王朔采用的是纯正的京味口语，其中充满饶有趣味的调侃。其实王朔作品的艺术特色并非仅仅表现在所谓的“京腔京韵”上，更为重要的是融汇于北京方言中的杂糅比喻、借代、夸张等修辞手法所形成的既具调侃，又俗痞使人哂然且玩世不恭的语言风格，这也是王朔区别于其他作家和“京味”作家的最重要的个人艺术特征。作为调侃的“行家”，王朔能熟练地使用北京的“流行语”，以油嘴滑舌、插科打诨的方式，对传统的价值与规范进行辛辣的讽刺，如《编辑部的故事》里那句“金钱不是万能的，但没有金钱是万万不能的”已成为社会流行语。而《动物凶猛》里用调侃的语气讲述着一代人的青春往事：“青春像条河，流着流着就成混汤子了”“四海翻腾云水怒，五洲震荡和为贵”等等。需要特别指出的是，王朔式的调侃，如《编辑部的故事》中这句“现今找对象先问是皇军还是美军，你要说是国军，连门儿都没有”，可谓辛辣十足，堪得咀嚼。甚至，当王朔的调侃语言成为大众文化的一部分后，很多人纷纷模仿他的语言风格，一时间“京骂”风靡全国。有趣的是，一个王朔让人还觉得颇有新意，值得瞩目，但“王朔们”只学到了他表层的说话方式，却失去了调侃言说的时代背景与历史舞台，最终只能成为街头巷尾间的笑料。

王朔小说中的主人公大多没有固定的职业，或靠坑蒙拐骗，倒买倒卖，敲诈勒索为生，而这恰恰是八九十年代中国社会转型期下一批边缘市民的形象。在《顽主》中，那些每天只会耍耍嘴皮子、神侃闲聊吹牛皮的“顽主”们并没有什么恒定的价值追求，甚至连对金钱、权力等世俗追求也不确定，而是每日过着嬉皮笑脸的日子。王朔塑造的这类人物形象，实际上是在嘲弄整个趋向崩溃的社会传统价值观，既然严肃的命题都可以拿来被嘲讽，还有什么东西是可以不被解构的呢？

如果将王朔现象看做一种文学文本对社会结构的展现，则会引发我们对其进行文化社会学上的解读。但作为文学批评的一种外围关照，这种研究方式并不具有完全意义上的常规意义。然而，王朔的特立独行恰好构成了一个极好的研究模板，也即，透过王朔文学创作及其产生的社会影响，我们可以更好地理解那个具有转折意义的时代。王朔崛起于八九十年代之交，在我看来，他在两种社会结构之间的断裂带上修筑了一座狭窄的浮桥，这使得百年以来的中国文学现代性可以继续演进下去，尽管它经过改头换面的修饰，让人感觉扑朔迷离。

从西潮到东方，百年来对现代性内涵的诠释可谓“百花齐放，百家争鸣”。对现代性的释义已是当前学界竭力必争的话语堡垒，似乎掌握了对它的解释权，就可以拿来炮轰任何文化与社会问题。如果让王朔知道了别人挥舞着现代性的大棒在他面前舞弄把式，他一定会冷眼笑看这一切，并且操一口京片儿说出他那句经典的话："你演得很好啊，装纯，本来就是你的路子。"

但王朔对严肃学术思考的嘲讽姿态，本身就是一种后现代的行为方式。在知识分子构建启蒙的宏伟殿堂的奔腾岁月里，不可能出现王朔这样的"离经叛道者"，或者说，即使出现了，他也不会受到大众的追捧。在我看来，王朔现象与现代性的吊诡关系之连接点即在于，王朔提供了当代文学消解宏大叙事的最佳模式，其关键点即在于对启蒙经典意义的消解。百年来的知识分子试图将文学与社会整合为一种系统化的、自觉的意识形态，以及一种有规范的历史目标的"宏大叙事"。用曼海姆的话来说，这是一种"总体的意识形态概念"，它"指的是一个时代或者一个具体的历史的社会群体所具有的意识形态。"但如前所述，中国社会在八九十年代之交发生了剧烈的变动，大众文化的勃兴逐渐消弭了启蒙主义的"神圣光晕"，王朔"一点正经没有"的戏谑姿态恰好与社会风貌契合。

然而，王朔现象的吊诡性就出在这里。在王朔和大众文化大步跑向西方资本主义与全球化文化之时，传统的知识分子并未放弃心底对启蒙理念的追求。贯穿整个八十年代，是这批知识分子一直在追寻彼岸的西方现代性，也即，书写当代文学现代性的主体本是那些自诩为"知识精英"的文化人。但在九十年代，王朔们取代了知识分子的主体地位，他成了大众文化里一呼百应的"文化英雄"，从文坛到传媒界，甚至到学术界，王朔的"粉丝"远远超过当年那批"知识精英"，在王朔对人性深刻见解的"另类启蒙"中，大家嗅出了一股嘲讽历史的味道。尽管他自己并无这种主观意识，但在与大众文化、市场经济的合谋下，王朔带领他的"粉丝"打开了文学现代性的一扇新窗户，回答了文学在充斥着金钱味道的社会里如何生存下去的关键问题。

在一个转型的社会结构中，当代文学重新与西方现代性"接轨”，大众文化取代了八十年代“知识精英”占据话语权的文学与知识场域，推动文学现代性的主体位置更换了角色。然而，这里又出现了一个重大问题，即这种“接轨”一方面连接了新旧两端，但“接轨”也会成为另外的一种力量，即将社会传统文化结构拉断的力量，从而产生了文化场域上的“断裂”。

事实上，进入九十年代的中国社会，同质化的理念越来越少，尽管我们的现代性依然在高速延续，但也出现了社会阶层的全面分化与知识文化界的“众声喧哗”。对于文化上的“断裂”，我们大可不必惊慌，英国社会学大师安东尼·吉登斯早已在《现代性的后果》中一语道破玄机：“由现代性而产生的生存模式，以前所未有的方式，把我们抛离了所有传统形式的社会秩序的轨道。在外延和内涵两方面，由现代性引发的变革比前此时代的绝大多数变革特性都更加深刻。在外延方面，它们导致了跨越全球的社会联系方式的建立；在内涵方面，它们正在改变我们日常生存中某些最熟悉和最具个人色彩的特征。”王朔的文学创作涉及到了大量日常生活甚至琐碎事物的书写，如“文革”时期街头巷尾的少年玩闹，“倒爷”之间的钩心斗角，青春期情爱的细微心理等等。这些生活化的书写，无论意在当下，还是诉诸历史，都在来势汹涌的商业大潮浪尖上泛出朵朵绚烂的浪花，但又迅速地化为大众文化泡沫的点点水波，最终沉没入世人瞩目的视野之外。

反思王朔现象的最终指向，在于能够客观地、宽容地接受九十年代以来大众文化带给文学的冲击，以及其中文学与社会发生的“断裂”与启蒙者的尴尬。王朔作为当代历史空白阶段的补白者，现代性内涵的复杂转折在他身上得到了最全面与贴切的展现。

这既是历史的启示，也是对当下社会文化问题的回应。

# 《三体》之魅

刘慈欣《三体》系列小说，被科幻研究界称为“单枪匹马，就把中国的科幻水平提升到世界级的水平”。

然而，“科学幻想小说”在中国，自晚清诞生以来，长期时间内并没有成为文学创作的主流。《新中国未来记》《新纪元》《新中国》等作品预示了中国文学未来走向多重向度的可能，这种科技崇拜主义与政治乌托邦狂想混搭的创作方式并未引发现代作家大规模的文化实践，作为一种文类而存在的科幻小说被历史的跌宕挤入了“被压抑的现代性”。梁启超《新中国未来记》、碧荷馆主人《新纪元》与陆士锷《新中国》等早期科学幻想小说虽然文辞粗糙，却想象力丰富，虽未成为后世文学之主流，但在当时亦有一定的影响。哈佛大学的王德威教授在《想象中国的方法》中称其“所论所述，也深饶历史文化意义”，更是“我们一窥世纪之交，历史及政治思潮嬗变的好材料。”在波诡云谲的现代文学版图上，科幻小说成了非主流的叙事文类，即使有如老舍《猫城记》者，也被一种民族国家历史观所笼罩，其科学意味几近消失，而幻想色彩浓烈，这种狂想曲式的叙事方式最终也逐渐消失。

到了所谓的“十七年”文学（1949—1966）时期，受苏联文学影响，中国的科幻小说被赋予了一种政治功能，这种情况一直持续到20世纪80年代。当共产主义的宏大叙事反映在科幻文本中，对未来科学世界的幻想则被纳入一种国家意识形态的强力意志中。叶永烈笔下的“小灵通”在“未来市”带来的新鲜讯息，似乎从共产党国民经济计划与工业化描绘的蓝图上可以看到影子，对于未来科技的美好愿景与政治上的理想国构形颇为一致。在《小灵通漫游未来》《共产主义畅想曲》等作品中，“科幻”的技术主义意味依然淡薄，而相比当时中国社会的生产力水平，其对科学技术的叙事近乎于科普文学，而小说的想象力并不能诉诸于更多的文学创作实践中，小说预期的读者群体也呈现低龄化的趋势，这也令科幻小说被许多人视为“儿童文学”门类中的一种。

从某种意义上讲，“小灵通”式的科幻叙事模式与国家文化机构推出的科学百科全书有着叙事手法上的同构性，“科普”与“科幻”的界限在这里是模糊的。事实上，叶永烈也的确是《十万个为什么》系列图书“最早、最年轻的作家”，这也是这位少年成名的作家颇为得意之事。

直到90年代后，随着市场经济大潮的到来与“告别革命”文化语境的出现，科幻小说才显现出了丰富的生命力与多样的文学图景。其中，个人化的写作姿态成了创作的主流，“硬科幻”“技术流”等重科学而轻美学实践的科幻叙事被更多年轻读者接受，美国科幻风格对中国的影响非常明显，似乎中国科幻小说与民族国家叙事的关联已不复存在。但在刘慈欣《三体》系列小说中，这部被誉为“单枪匹马将中国科幻文学提升到世界级水平”的大作，与中国之前的与欧美国家的作品相比，其以独有的魅力展现了科幻小说的中国立场与异质风采。

当我们谈及《三体》的时候，多会沉醉于刘慈欣营造的宏大壮阔的史诗氛围与令人拍案叫绝的想象力。而当将《三体》置于当今时代的文化话语场域中，我们才可真正领会到刘慈欣的叙事“野心”与文本旨意所蕴含的巨大能量。《三体》孕诞于一个全球化与民族主义相互搏击的时代，西方与中国在文化、政治、经济上的纷争与融合空前激烈。刘慈欣并没有绕开当下社会对作家的“时代之邀”，“正面强攻”的叙事姿态令大量的象征与寓言笔法充溢于《三体》中。自晚清以降的科幻书写中对西方发达文明的向往与莫名焦虑感在《三体》中以寓言的形式折叠入刘慈欣的史诗叙事，尤为可贵的是，《三体》对此问题做出了回应与解释，这在我们对文本细读的梳理中便可看出。

《三体》的叙事始于叶文洁的故事，叶文洁向半人马座的三体文明发出信号，请求三体人消灭罪恶的地球人。（《三体》最初在《科幻世界》杂志连载的时候，便以叶文洁的故事为开头。在后来重庆出版社出版的单行本中，这个开头被置换成大史去找汪淼的故事，而叶文洁的故事列在了第七章。而《三体》在台湾地区猫头鹰出版社时，也延续了大陆版本的结构。）这一举动打开了宇宙战争“潘多拉的魔盒”，也提出了一个难解的问题。叶文洁身兼多种形象，身为著名科学家的她身居中国精英知识分子群体，却是个“文革”的受难者，而“阶级矛盾”在叶文洁这里被巧妙地转化为对人类的仇恨，环境危机受难者与“文革”的被迫害者形象聚合在她身上。

三体人收到叶文洁的信号后便派出舰队远征地球，而这一过程需要四百年的时间。在三体人的代表智子锁死人类科技进步后，人类开始了漫长而困难的抵抗运动。经历“面壁计划”后的人类并未走出困境，而中国学者罗辑凭借“黑暗森林”法则与“宇宙社会学”原理将三体人暴露在野蛮的宇宙丛林中，才使地球人觅得了一丝生机。但面对更加高级的“神级文明”，地球人与三体人最终都未能逃过灭顶之灾。

如果不将《三体》的故事置于民族寓言的叙事结构中，我们未免就太小看刘慈欣的“野心”了。在《三体》第一部原版封面上，赫然印出了“一部以光年为尺度重新解读中国现代史的作品”的宣传标语。杰姆逊早就指出：“第三世界的文本，甚至那些看起来好像是关于个人和利比多驱力的文本，总是以民族寓言的形式来投射一种政治。”也即，在后发国家的文化范式中，对西方发达国家的向往与对自我身份的困惑常以“寓言”的形式反映在具体文本中。

有的读者将《三体》故事与中国近现代史相比拟，甚至认为：“三体世界既是日本的影射，更是近代以来妄图瓜分掠夺中国的东西方列强的共同象征。几位面壁人代表了近代以来爱国志士们的各种救国道路，中间发生的科技大进步代表洋务运动的虚假繁荣，黑暗森林战役则代表了甲午和辛丑的一败涂地，三体在威慑后的入侵代表了抗日战争的艰苦卓绝。而罗辑使用黑暗森林法则建立威慑，自然也就代表了1949以后中国人民终于站了起来，特别是1960年代造出两弹一星之后建立起对东西方列强的威慑。罗辑的形象自然也就代表了以毛泽东同志为代表的老一辈中国共产党。”其实，我们并不能将小说叙事与真实历史的轨迹刻意联系起来，“寓言”的存在形态依赖于具体叙事人物与情节，但也不应局限于文本设置的“圈套”之中。刘慈欣布下的“圈套”，一方面令读者在知识结构中获取可联想的资源，一方面又将这些资源抽象成话语符号，如果不能还原《三体》中寓言叙事的原型，则只能会在“宇宙社会学”“黑暗森林法则”“面壁人计划”“维度打击”等大概念里服膺于作者的宏大构想了。

从这个意义上讲，《三体》的寓言结构并不明显，但寓言的抽象形态却不难看出。在《三体》的叙事中，“自我”与“他者”的矛盾与带有对抗性的二元结构贯穿了全书。在三体舰队到来前的几百年内，来自外域的压迫感给地球人莫名的恐惧。而当太阳系的坐标暴露在“黑暗森林”里后，“神级文明”对地球人和三体人的压迫感更为严重。这种叙事主体面对现实与想象中的“他者”的焦虑感充斥着全书。颇为吊诡的是，“他者”的形象尽管逐步由三体人演变为更加强大的敌人，但主体始终扮演着“被冲击与被伤害”的形象，但与此同时，“自我”意识萌发后的叙事主体也会做出一些或大或小的“回应”与“反思”。这一“冲击—回应”的叙事结构令我们联想到中国在百年来面对西方影响时的历史轨迹。事实上，我们在刘慈欣的叙事中，也可以隐约窥到他所汲取的历史资源。

《三体》的叙事资源来自历史本身，同时也是对面对西方现代性的挑战的试探性回应。这些资源被刘慈欣巧妙地融合在“超级”宏大叙事的结构下。“西方现代性”的历史轨迹与后发国家面对的问题并不相同。

就本源或者本质而言，“现代性”（modernity）源自西方学脉，其意义发端于西方的理性传统。从较早的康德开始就对现代性问题进行了分析，他把理性作为现代性的核心，高扬了人的主体性，树立起一种人为自然立法、为道德立法、为社会立法的现代性精神。此后，马克思从资本主义的角度界定现代性，既承认现代性的积极作用，肯定由传统社会向资本主义社会转变所带来的进步，又批判现代性的病态（如异化问题）。而马克斯•韦伯认为，理性化是现代性的基本特征，而理性化表现在文化、社会和个人三个层面。在波诡云谲的二十世纪文论界中，后现代主义者们也在对现代性进行着他们的思考，如福柯便认为现代性是一种理性的压抑，启蒙的理性神话掩饰了多元性、差异性和增殖性；利奥塔则把现代性看成是一个宏大叙事；哈贝马斯将其视为一个“未完成的方案”等等。

在西方思想家那里，现代性带有双面的维度，既有理性的永恒精神，又有对压抑和异化的反抗性；既是内容极为丰富的“宏大叙事”，又是“合理化”的各种具体事物；既隐含恒定，又融合过渡。在中国当代学术话语场中，现代性被许多学者植入了新启蒙式的向西方全面敞开的立场。与宏大叙事也已解体的西方主流叙事不同，像中国这样的后发国家所面对的问题非常复杂。一方面，西方主导的现代性目标始终是“彼岸的召唤”，另一方面，这笔“未完成的方案”在后发国家的现代化进程里显得更加棘手，使人不得不搬出民族立场来加以处理。如何对待这种矛盾，成了刘慈欣面对的叙事难题。好在他给出了一个折中性的答案，这个答案就是用一种更加宏大与多元的叙事结构来统摄文本，在这个“超级”穹窿下，仔细观察，我们依然可以看到刘慈欣采用的叙事资源。

其一，《三体》的叙事资源来自80年代以来对西方国家现代化的强烈向往。在《死神永生》中，三体人将地球人驱赶到澳洲狭窄的土地上，像呵斥牲口一样管理末世人类的生命。“智子”一度被地球人当成救世主来看。尽管“他者”的形象是隐匿或含混的，但其给主体带来的强大逼势却是明显存在的。

其二，“十七年”时期文学中的力量感与国家强力意志被折叠进《三体》的叙事中。力量感在当下文学的缺失，是与时代环境有关的，但刘慈欣着眼的时代似乎不仅在于当下。英雄主义与革命浪漫主义的书写方式在《三体》中并不少见。从“面壁人”开始算起，面对外星人的入侵，硬汉形象成了刘慈欣落笔最多者。而即使在地球人迁移到外太空后，依然有托马斯·维德这样不屈不挠的“战士”，并不愿意在看似安全的屏障里度过余生，而是暗中制造曲率驱动引擎，即使最终被“大多人”审判，却给地球人留下了重生的火种。对于普罗米修斯式的盗火者精神，刘慈欣从不吝惜赞美。

在这两种传统文学资源的基础上，刘慈欣用寓言的叙事形式展现了一种“超级”宏大叙事的可能。事实上，探究刘慈欣采用寓言叙事是否为刻意的行为已经没有必要。现象世界与经验世界的重叠式客观存在的，正如苏珊·伯克一默斯（Susan Buck-Morss）所述：“寓言是一种特殊的意义表达形式，但这形式不是艺术家自由选择作为自我表达的审美手段，而是外在世界强加于主体的一种认识律令”。从这个意义上讲，寓言结构所塑造的“超级”宏大叙事在对传统启蒙意识的超越的同时，也塑造了一种新的叙事能动性，刘慈欣借助传统文学资源来进行的这次叙事实验，不啻为一次可贵的探索。

在中国的民族性与西方现代性冲突的语境中，这种冲突的张力时常表现为时间与空间的冲突。西方主导的现代性一旦植入后发国家的土壤，“时间征服空间”便成了一个难以回避的问题。当中国社会文化一日千里地向西方提供的目标大步进发之时，也是中国落入西方提供的时间意识的圈套之日。这直接导致了面对时间逼势的焦虑感与对自身空间的局促感，在后发国家里，这几乎是个无法抗拒的宿命。

在《三体》的叙事中，每当叙事主体面对更加强大的敌人的威胁时，首当其冲的便是对时间的焦虑感。这种急用走向发达科技与文明世界的急迫感并非叙事主体自然生发的，而是被“他者”硬生生植入的，但却在本体内生成了对未来的想象。在后发国家的文本中，“欠发达的现代主义被迫建立在关于现代性的幻想与梦境上，和各种幻象、各种幽灵既亲密又斗争，从中为自己汲取营养。”

《三体》故事中的核心矛盾并不固定，“冲击—回应”式的结构令它随着文本叙事的进展而不断扩大。起初叶文洁面对“文革”的阶级斗争，现实还足够撑得起文本的想象力。而随着刘慈欣叙事的不断深入，地球人面对的是三体人的入侵，星球间的矛盾成了最大的问题。在这个矛盾置换的过程中，三体人抛给了地球人一个“时间表”，在“危机纪元(公元201X年——2208年)”时代里，地球人的航天技术被锁死，只好启用“面壁人”计划，试图开掘更广阔的生存空间。在这期间，叙事空间的主体由民族国家意识转变为人类意识。而到了《死神永生》中，“智子”将地球人驱赶到澳洲孤域中，又给了残存的人类“死亡倒计时”。这种对时间的紧迫感充斥在文本当中。

在“广播纪元(公元2272年——2332年)”开启后，地球人和三体人唇亡齿寒，叙事主要矛盾焦点落在了如何面对茫茫宇宙更高级文明的打击上。“掩体”计划成了叙事主体不得不选择的道路，但这一次空间的扩大并没有给人类带来永远的安宁，在“掩体纪元(公元2333年——2400年)”的末期，人类依然没有逃过被“二维化”的悲惨命运。但好在程心与艾AA借助曲率驱动引擎逃离了“掩体”，向更加广阔的宇宙进发，才得以幸存下来。而这一次叙事空间的扩大，也使主体获得了全新的想象力。值得庆幸的是，刘慈欣始终给叙事主体以“中华形象”，无论是早期的叶文洁、罗辑，还是后期的关一帆、程心，这些“死神/救世主”式的人物都是中国人，其“中华形象”不只在于他们的中文名字，更重要的在于其性格特质皆带有中华文化的影子。被称为“圣母”的程心，在《三体》后期算得上是牵连主线的人物，却在所谓的“善良”与“和平主义”里一次又一次摧毁了种族和文明，这里面是否带有刘慈欣对传统文化的暗讽，我们不得而知，但可以确信的是，《三体》的叙事主体始终没有游离开“中华形象”，在这颇为有趣的构思中，我们似乎可以嗅到刘慈欣创作时的一种情结：对中国历史与民族主体性的强烈认同感。在这样一种对本土立场的强调上，我们才看到了与西方国家科幻小说不同的风貌。

面对西方现代性的挑战，后发国家在物质与科技上的匮乏时常以更强大的精神姿态来弥补。“硬科幻”意味的缺乏，在很长时间内是中国科幻小说的通病。“科普”色彩的失落意味着向西方现代性全面转移的可能，带有民族国家意识形态的科幻小说则日渐式微。但在《三体》的叙事中，“中华形象”不仅没有消弭，反而被大肆渲染，更夺人眼球之处在于，刘慈欣的“红色情结”颇为浓重，甚至有读者称他在政治谱系上有较严重的偏左意向。不得不说，“红岸基地”“唐”号航空母舰等叙事元素对中国军事与科技力量的认同令中国读者热血澎湃，太空舰队红旗招展的景象令人神往。而来自委内瑞拉的“面壁者”二号雷迪亚兹简直就是查韦斯的翻版，尽管在文本中他被叙述成查韦斯的继承人，在现实与虚构的交叉点上，刘慈欣的“红色情结”还是相当明显的。其实，结合刘慈欣的成长年代与工作环境，我们并不难理解他对社会主义与民族主义的偏爱。

但这种偏爱并不意味着刘慈欣就一头倒向左翼的立场。《三体》的叙事所承载的能量并不必要用具象的政治坐标进行衡量。《三体》叙事的含混与多元就在于此。似乎，刘慈欣一方面他对马克思主义（红色革命）带有一种原教旨主义的情绪，一方面又对有着进步观念的西方现代性思路抱有兴趣，这种矛盾思维贯穿《三体》文本叙事的始终。否则，也就不会出现“消灭人类暴政，世界属于三体”这样脍炙人口的小说名言了。《三体》中所展示的对“他者”的态度，固然有畏惧以求自保的意味在里面，但也有像托马斯·维德、程心这样的愿意向星辰大海的渺茫世界征服的强烈情绪。

然而，在这两种叙事倾向面前游移不定的刘慈欣还是作出了自己的判断，无论是西方现代性模式的诱惑，还是来自后发国家的民族立场，他们都是一种话语上的资源备选，而不是非此即彼的一元抉择。面对多元现代性的选择，加拿大学者Charles Taylor曾指出，西方社会所沿袭的现代性传统是一种时间上的线性叙事，而在非西方的文化里也有着自己独有的时间意识。这种所谓“另类的现代性”（Alermative Modernity）往往与本民族文化与政治气候息息相关。

在《三体》叙述的时间观里，欧美国家科幻小说中的“末日审判”“人类灭绝”等线性终结意识被改写了，当大宇宙坍塌后，程心与关一帆在“647宇宙时间线（公元18906416年——）”的新的时间轴上等待着新生宇宙的诞生，这本身就是对历史终结意识的超越。在中国传统的文化观念中，时间多被看成一个生生不息的循环结构，而非线性运动的结构，刘慈欣也沿用了这一中国传统观念。当然，刘慈欣在《三体》的结局上设置了一个开放式的场景，也有读者认为正是程心留下了五公斤重的地球信息，才使回归运动失败，宇宙最终陷入一种死寂，真的是“死神永生”了。我们并不拒斥对这种可能的讨论，事实上，也正是这种开放式叙事，才使《三体》有了独有的魅力。在后发国家的科幻叙事中，留出这样有反思余地的创作，才让科幻小说有了孕育更多思想启迪与文学能量的可能。

韩松曾言：“理解中国科幻，成了中国现代化的一把钥匙。”《三体》在继承传统叙事资源的基础上，用“超级”宏大叙事结构与寓言式写作，直面了后发国家在西方现代性冲击与全球化挑战中的问题，这种所书写的症候也孕育了对未来历史进程的推测。这种尝试不仅局限在文本内部的叙事实验，也提供了对未来历史走向的新的思考。

# 浅谈几部中国当代文学史

## 一、被摹写的文学史："十七年"时期的中国当代文学史

当代文学从根本上讲是一种崭新的政治实践行为，作为"共和国文学"的同义替换词，"当代文学"这个概念一经提出，就实现了对"新文学"概念的分裂与对"现代文学"学科的政治超越。"太阳底下没有新鲜事"，这种实践行为在方法论上并没有什么创新，不过是再现了当年胡适之等"五四"干将们借白话新文学"超越"古典文学的历史故事。但值得注意的是，从古代到现代，再到当代，人们将其视为一种线性意义上的超越与进步。然而，正如王国维在《宋元戏曲史序》谓："凡一代有一代之文学：楚之骚，汉之赋，六代之骈语，唐之诗，宋之词，元之曲，皆所谓一代之文学，而后世莫能继焉者也"，文学岂有先进与落后的区别呢？

但杰姆逊曾在《政治无意识》中指出："一切事物都是社会的和历史的，事实上，一切东西说到底都是政治的。"用这句话来解释当时作家的文学思路并不为过。1959年，山东大学出版了《1949——1959中国现代文学史》，以其敏锐的政治眼光进行文学史的政治断代；北大随后出版的《中国现代文学史当代部分》，首次打出了"当代"的大纛；1962年，华中师范大学中文系集体编著的《中国当代文学史稿》可算是真正意义上的一部当代文学史。但

这些尝试在今天看来，除了佐证历史外，几乎没有什么价值可言。尽管王瑶、严家炎、李何林、丁易、张毕来、刘绶松等人的文学史著作各有千秋，但“当代无史”（唐弢先生语）的观念如幽灵般萦绕在文学史研究的荒野上空，直到八十年代结束，当代文学史写作领域依然没有出现一本可奉为经典的著述。

## 二、被重述的文学史：洪子诚与陈思和的两种思路

1999年出版的《中国当代文学史》与《中国当代文学史教程》已经成为当代文学学科发展上的重要里程碑，北京大学的洪子诚先生与复旦大学的陈思和先生一南一北，遥相呼应间构筑了对文学史的不同解读。

洪子诚《中国当代文学史》对史料真实性的再现与历史感之还原效果是空前的。他在书中说：“本书的着重点不是对现象的批判，即不是将创作与文学的问题从特定的历史情境中抽取出来，按照编写者信奉的价值尺度做出臧否，而是努力将问题放回到历史情境中去审查。”也就是说，洪子诚先生不只是在写一部单纯的文学史，而是试图通过丰沛史料的佐证，来描绘出文学演化的内外症候。现在看来，洪先生的尝试是成功的。在这部文学史中，依然有一些对作家作品的赏析评论，但更有价值的在于书中提供的细微的历史细节与方法论的转变。这种方法论即将文本看成一种生产机制，将有有关文学史的知识历史化、语境化，以窥探文本之外的政治变动。洪子诚先生作为六十年来中国文坛的参与者与目击者，他提供的资料显然更具说服力。从洪先生的叙述中，“当代文学不能写史”的说法被颠覆了，当代文学作品（尤其是“十七年”与“文革”时期的作品）所呈现的审美价值并不丰硕，但其作为一种社会政治的症候，却是有着极高的研究价值的。

在洪子诚先生的文学是写作中，政治始终是悬在文本叙述之

上的“达摩克利斯之剑”。但洪先生不仅没有避讳这一事实，反而“正面强攻”政治与文学之间所构成的复杂关系。他采用的方法就是将文学的生成与政治的影响看作一种“一体化”的过程。在洪先生的论述中，“一体化”指的是文学的生产方式、组织方式、文学的评价等环节的高度趋同。不言而喻，对文学生产的各个环节加以统一的规范、管理，乃是国家意识形态在思想文化治理上的自觉制度，并产生了可观的成效。另外，“一体化”也意味着在这个时期的文学形态的趋同性。这涉及作品的题材、主题、艺术风格、艺术方法上的趋同化的倾向。而80年代后，这种“一体化”的格局才逐渐解体。在我看来，用“一体化”通览文学史的全貌，似乎很有道理。但面对新时期以来风云变幻的文坛景象，这种方法论似乎又有隔靴搔痒之嫌。而且，用理论的刀刃去切割文学文本，本来就是一件高难度的文学探索行为，稍不留神，曼妙多姿的审美世界就会沦为理论家们味同嚼蜡的分析原料。从这个意义上讲，洪先生的文学史与理论探索也不乏内在的片面性。

不过，同年由陈思和先生编著的《中国当代文学史教程》在很大程度上规避了繁琐理论与意识形态对文学史写作的影响。陈思和先生采用“民间意识”“潜在写作”“共名与无名”“民间文化形态”“民间隐形结构”等自创的时髦术语来解读文学史，创意之点独具匠心。相较洪先生，陈先生的叙述语言更加流畅清新，在浅显易懂的文字背后凸显了一种巧妙的思维方式。面对文本内外复杂的文学现象，陈思和先生用几个关键词作为节点，串联起了整个文学史。对于文学作品审美层面的挖掘，也是独具特色的。孙犁、穆旦、无名氏、张中晓、残雪、王朔等一度不被主流文学是接纳的作家，也在书中大放光彩。而将《李双双小传》的电影、崔健的摇滚音乐等艺术作品也纳入文学史的书写范畴中，以此构建一个更宏阔开放的文学视域，不得不说是文学是写作上的一次重大创新。根据我的观察，这部文学史的大学中文系学生中口碑甚佳，少有学院派的理论“匠气”是教材受欢迎的一个重要因素，而洪子诚先生的《中国当代文学史》则被大多人视为晦涩难懂的教材。但文学史的写作毕竟是一个严肃的学术行为，不能仅凭一些读者的看法就下定结论。深入思考之后，事实未必有表象那么简单易辨。

陈思和先生的文学史写作方法显然受到了80年代“重写文学史”思潮的影响。从其对作品的选取来看，明显可以窥见当年夏志清先生在《中国现代小说史》中书写方法的影子。在文学史中，陈先生对“十七年”与“文革”时期文学作品的大量删减似乎用力过猛，倘若《金光大道》《虹南作战史》一类的作品可以不提，那么《红岩》《创业史》这样在历史上产生过重大影响的经典文本难道也可以避而不谈吗？

这种“非黑即白”的方法论并无助于解决问题。对政治形态的不屑与强调政治与文学的一体性，都是基于对文学与政治二元对立关系之上进行的探讨。而在更深远的观念上看，将文学与政治当成一对死敌的观念似乎逐渐趋向过时。这种思维方式是80年代思想界实践的“通病”。这种思想史的写法影响了后来的文学史写作，其对文学现象高度概括的同时也消弭了文学本来面貌的多元与复杂。细细品读，无论《中国当代文学史》还是《中国当代文学史教程》，在其明显特色与敏锐洞察的背后，都隐约露出了些许对长久以来二元对立思维模式的遗憾与无奈。

## 三、被解构的文学史：陈晓明《中国当代文学主潮》的新探索

宏观的文学史写作在新世纪后渐渐走向沉寂。不可否认，十年来各种版本的文学史著作层出不穷，但大多为历史材料堆积、作品审美鉴赏与老套理论的滥用的作品，并没有出现方法论上的重大突破。不过，在文本分析研究领域，却正是风云变幻、思潮

涌动。1993年，唐小兵先生出版了《再解读——大众文艺与意识形态》，“再解读”的风潮由此而开。借助对经典文本的解构，将文本打开，将文学与社会化、政治、大众文化广泛联系起来，并对曾经被压抑的左翼文学从批评的话语中解放出来。而这种思维的切入口，就是“反思现代性”，也即，反思并探究那些被淹没在旧的话语范式下来的文本与思想。“再解读”的兴起，令文学史的写作方法多了更多元的选择，文化研究作为一种独立的学科也由此建立，理论派们挥舞着手中的大棒，向那些经典文本发起新的冲击。

陈晓明先生于2009年出版的《中国当代文学主潮》就在这新思维的怒涛中缓缓浮出。尽管这不是一部“再解读”式的论著，但“现代性”成为本书讨论的重中之重。陈晓明先生受解构大师德里达思想影响甚深，《主潮》对当代文学的“解构”也可圈可点。

陈先生将中国当代文学史的开端定位1942年毛泽东发表《在延安文艺座谈上的讲话》，如此定位“当代”独具慧眼。在陈先生看来，“当代”说到底是一种话语范式，而这种话语的建立便是从延安文艺中逐步流变而来的。而“现代性”在《主潮》中起到了对历史书写提纲挈领的作用，陈先生认为：“现代性是一种持续进步的、合目的的、不可逆转的发展的时间观念。”在五花八门的现代性概念中，这种定义中规中矩。依然是依照政治事件的断代，《主潮》将文学史分为“前现代性”“激进现代性”“后现代性”等版块进行叙述，这种分法比较新颖，但也相当值得商榷。

众所周知，哈贝马斯把现代性理解成一个“未完成的方案”，这种对社会文化的总体性批判倾向是建立在对高度发达的资本主义物质文明上的。政治有了一定的文化资本，现代性的讨论才得以展开。而西方学者批判技术主义现代性的同时，将审美与艺术的现代性态度从主流观念中释放出来。而陈晓明先生似乎无意现代性的这层维度，而是把焦点聚在“反思现代性”的理论探求方面。事实上，这种“反思现代性”正是一种后现代性的立场。对于现代化早已完成的欧美国家而言，反思的立场恰到好处，但对于还未实现社会与文化全面现代化得中国而言，这种思维是不是太过超前，以至于无法对当下现象作出精准的描述呢？另一方面，陈晓明先生在分析小说的具体文本时，常常不惜开动福柯、德里达、罗兰·巴特等解构大师的理论机器来进行“大炮打蚊子”的文学游戏，这种叙述风格在昭显其鲜明特质的同时，也让文学批评与历史书写变成了智者的理论拼图，有时未免得不偿失了。

## 四、历史的建构与崩溃：永远“重写化”与“历史化”的我们

文学史的书写问题，本质上是一个文学如何被后世“历史化”的问题。这种“历史化”的依据往往不是历史的真相，而是写作者的个人思想与话语背景。随着时间的推移，历史的真相缓缓沉入记忆之海的浪底，退回时光隧道的原始尽头，而难以被后人琢磨与研究。在另一方面，文学史的书写模式趋同者越来越多，若非借助更加新潮的理论，传统的研究思维难以更新。这些都构成了日后文学史写作的难度与困境。

但是，当代文学学科毕竟是存在的，还有很多问题都值得去探讨，文学史著作依然会层出不穷地出现在坊间。因之，“重写文学史”将会无限出现下去。“重写文学史”作为一个专有名词，已被80年代一些文学史家“抢占”，但这种行为模式自古就有，日后依然会有，只是换个名称使用罢了。

在我看来，文学史被无限“重写化”是无可厚非的，关键在于通过这种“重写”得到一种学术上的“释然”。不难想象，在我们重写前人历史的同时，也将被历史铭刻下我们的行为。这本身就是一个历史行为生成的必备环节。遥观前人，钱理群先生曾被放逐到贵州教书，又进入北大读书、任教，在他跌宕起伏的人生经历之

上做出的学术研究自然是与纯粹的学院派不同的。钱先生身上那股郁热与峻切的气质，与鲁迅先生正好相仿。由此，他做出的的鲁迅研究自然独有格局，终成大家。在历史的悠悠长河中，我们终究不过是一粒沙石，或可随波逐流，亦可迎流而上，搏浪其间。倘若文学史的叙事不只依托枯燥理论语繁琐史料，而加入了个人人生阅历体验，是否会让文学史有了另一种读法呢？

# 新闻写作语言 VS 论文写作语言

今天和一个常为我报评论版面供稿的作者交流时，谈及评论写作的语言问题，我深有感触。与文学、历史学科的学术论文语言有本质不同的是，媒体语言范畴下的评论写作，对语言有其独特的要求。

不同媒体有其各自的评论风格，由此会带来各异的语言惯性。在《中国青年报》的评论版面上，“丰富信息量”和精简的语言是一大特征，文章力求专业、切合实际，不尚空谈，涉及到的问题点及其解释尽量全面、完整，这是我对本版面语言的一个理解。

有位学者常给我们投稿，两千字的文章被删成六七百字的事情常有，就是因为他的文章“啰嗦”，大量文字都在颠过来倒过去讲一个问题，一个几百字能写完的信息点要写几千字，这就是典型的学者思维，这样写放在论文里挺好，但在媒体写作里就需要调整下了。

如果说不少学术论文写作追求的是简单问题复杂化，新闻的评论写作，本质上是复杂问题简单化。这里所说的简单化不是贬义，而是基于媒体传播规律的必然指向。

有些供稿者或许来自中文、历史、哲学等专业，尤其是经过严谨学科学术训练之后，其评论语言会自带学科特色，有些体现在评论里是优点，比如可旁征博引，有思想关怀，但也可能因偏执于理论关照而失去了新闻写作的要求，这个“善意的误会”出现多了，我便发现了其中的问题，这两类语言范式的分野，本质上还是源于不同学科间方法论、思维方式的不同。

我阅读新闻学论文和文学历史学科的论文、著作时总发现，新闻专业写文章往往求全面，但不求理论深度，除非是传播学理论专业研究，一般的现实问题研究，清晰地数据、简要的结构与明确的结论，比理论关照更重要，而文史专业论文里，尤其是理论性较强的史学理论、文艺理论、当代文学、比较文学和文化研究里，最忌讳就是谈的全面但不深入，除非是传统审美关照下的“作家作品论”，但追求“理论腔”还是占大部分的。

这二者无分优劣正误，只要在各自学科系统里叙述，只要别越界，便可并行不悖。但问题的关键是，一个人的语言风格大致是一致的，学术写作和新闻写作的语言的分野，若体现在一个人笔下，往往就会产生迥异而不恰当的表述，必须做出一个必要的倾斜。

就像当代文学的考研试题里，简答题的语言要求是简明扼要，拿到“采分点”便可，而论述题才是大头，其实就是现场写一篇小论文。论述题更能反映考生的学术水平，甚至有的学校，比如北大当代文学考研里，压根没有简答题，直接四道大论述题搁在卷子上，现场考察考生的学术水平。这样的论文喜欢从一个点入手，反映一个大问题。不慎恰当地讲，新闻写作语言和学术论文语言的区别，这就像文学、历史考试里的简答题和论述题的区分，新闻写作是不需要学术论文思维的，这个思维用在里面，往往还会碍事。

但这并不是说新闻写作不追求深度和思想，而是力求以最通俗简约的语言表达最深刻的内涵，甚至是微言大义（评论里），春秋笔法（特稿里）。

很多评论的主题，要写成论文能写半本书，但写成一篇小评论，就很难，难免会浅尝辄止、甚至会以偏概全，但这就是媒体写作的特点，其可能存在的缺陷，也正是其优点：通俗简单，易于传播，观点明确。

不论是深度报道、特稿写作，还是深度的新闻评论，其折射问题之深刻，思考之深度，未必输于学术论文，但在其语言上，则是趋于简练、直观与准确的。

事实上，论文写作中不少概念本身就存在含混性，这在文学、哲学研究里颇为常见。厘清概念的使命属于学者，而在一般情况下，媒体人无意于做严谨的概念辨析，于情于理，这都是可以接受的。但反过来讲，学术语言往往不及新闻语言明澈、凝练，甚至刻意不简练。

我受文化研究和法兰克福学派诸家影响很大，写作论文时语言比较缠绕，句式也复杂，这在理论研究里（尤其是北大谱系意义上的当代文学研究里）是“合理”的，但放在新闻评论里就是大忌。就像有人指出，弗雷德里克·杰姆逊的语言太过缠绕繁复，是追求一种理论的严谨感与典雅的秩序感，其弟子张旭东的英文、中文论著，也是文风晦涩、句式复杂。

但长期浸润在如此文风后，在阅读这类文字时，我竟时常备尝快感，如同品尝苦涩而深沉的茶水，个中兴味不在其表，深藏其里。但作为大众阅读的对象，如此文字就行不通了。在新闻评论写作里，我时常能感到两种截然不同的文风、句式和语态对我行文的撕扯。但说到底，这还是功力不甚深厚的表现。或许有一天，两种风格的优点能凝聚于同一笔端，读者们也乐见如此写作语言的革新与升华。

# 游子余光中

“散文与诗，是我的左右手。”台湾著名诗人余光中被誉为文坛的“艺术上的多妻主义者”，以古典风韵来书写现代派新诗是他风靡两岸四地的“独门绝技”，但能够如其所述以左手写诗，右手写散文，仍能相得益彰而神采飞扬者却不多见。余光中散文风格自成一体，“余氏以抒情彩笔，纵横捭阖，缔造了一个中西古今交融的散文新天地。”余光中生于金陵，求学沪宁，辗转流离于巴蜀，最终落居于台湾。他曾滋养于博大精深的中华文化之中，而融贯于中西交汇的文明场之际，丰富的人生阅历与情感体验使他的散文创作变得充满着文人气息与人文情怀。其中，最为独到的便是他散文中强烈的“中国意识”，这也构成了余光中对中华文化的丰富想象力与艺术上的创造力。

自1963年出版第一本散文集《左手的缪思》算起，余光中先后出版过《掌上雨》（1964）、《逍遥游》（1965）、《望乡的牧神》（1968）、《焚鹤人》（1972）、《听听那冷雨》（1974）、《记忆像铁轨一样长》（1987）、《凭一张地图》（1988）、《从徐霞客到梵谷》（1994）、《日不落家》（1998）《蓝墨水的下游》（1998）等十余部散文集，可谓著作等身。但与余光中在新诗创作的皇皇篇章相较，他的散文创作数量并不算多，虽然其文风貌秀丽，独具特质，学界对其研究却是不够充分的。

余光中早有言：“在一切文学的类别之中，最难作假，最逃不过读者明眼的，该是散文。诗要讲节奏，意象、分行等等技巧，但散文是一切文学类别里对技巧和形式要求最少的一类。散文家无所依凭，只有凭自己的本色。”余光中认为散文创作有一定难度，是考验作家“真本实”的文体，相比诗歌的隐晦意象与幽曲形式，作为一种更易表现畅快质直的散文得到了余光中更多的赞誉。“文体和语气愈发变化多姿，散文的弹性当然愈大；弹性愈大，则发展的可能性愈大”，余光中借助散文这种文体，可以更好地书写更多具象可感的生活经验与文化体验。

“每个人的童年未必都像童话，但至少该像童年。若是在都市的红尘里长大，不得亲近草木虫鱼，又饱受考试的威胁，就不得纵情于杂学闲书，更不得看云、听雨，发一整个下午的呆。我的中学时代在四川的乡下度过，尽管贫于物质，但却富于自然，裕于时光，我得以亲近山水，且涵泳中国的文学。我的幸运在于中学是在纯朴的乡间度过，而家庭背景和学校教育也宜于学习中文。所以每次忆起童年，我都心存感慰。”（《自豪与自幸——我的国文启蒙》）年少的经历与美好的回忆使余光中一生都未曾忘记自己文化身份，“我以身为中国人自豪，更以能使用中文为幸”，这种文化经验也奠定了余光中创作的思维方式，在他的散文中，无论主题内容如何，总是能营造一种静美悠远的文化意境。

在《剪掉辫子的散文》这篇关于散文的文论中，余光中认为“五四”以来的散文阴柔成风，而他所力畅的乃是汉唐雄风，他倾慕于司马迁的大气跌宕，推崇韩退之的铿锵有力。这种观念也影响了余光中的散文创作，《逍遥游》《咦呵西部》《黑灵魂》等文的磅礴之美令人难忘。而拥有这种文学观念，是与余光中早年在四川的生活与求学经历是密不可分的。

“我的中学时代在四川的乡下度过。号称天府之国的四川，一寸铁轨也没有。”余光中在《记忆像铁轨一样长》中书写了自己这个“火车迷”的心路历程，却不忘从追忆少时的四川生活经验。

他早年在中国的生活，成了散文创作重要的灵感来源。战乱时期的四川与金陵的生活环境，并没有破坏余光中美学趣味，反而令他的散文中多了几份对国家民族的悲悯，多了几分对中华文化的热爱与留恋。

古典文学的熏陶激发了余光中的诗情，战火横飞的时代背景并没有令他笔下的世界布满灰暗的尘埃，巴山楚水的自然风光与典雅醇正的古典教育孕育出余光中对纯正中文的语感，即使他在散文创作中，依然不失“诗人本色”。心底的诗情画意影响了余光中一生的文学思维，每逢他独处寂寞，如异国的风霜雪夜，或是高速长途独自驾车，他都会纵情吟咏，吟诵之间，他“便顿觉太白、东坡就在肘边，一股豪气上通唐宋。”

在余光中的散文中，时常出现大量重迭与繁复的意象，如同携风涌来的涛涛江水，在读者眼前展开了一幅绚丽多彩的画卷。而在特定的情绪与氛围里，余光中所感触的感官意象不仅是斑斓多姿的，也是迭加连绵的。余光中曾说：“我尝试把中国的文字压缩，锤扁，拉长，磨利，把它拆开又拼拢，折来且迭去，为了试验它的速度、密度和弹性。”将复杂的心理情绪与自然风景融汇在一些意象中，这使得余光中的散文中充溢着大量光色的变化与感觉的游移。

“在万籁之上，各种姓名的光，从殉道的红到先知的皎白透青，一一宣布自己的方位”（《塔》），“入夜后天也黑不下来，只变得深洞洞的暗蓝”（《西欧的夏天》），“红灯撞击着红灯冲击着浮沉的白灯白灯，洞顶的无罩灯泡灯泡曳成一条光链子”（《登楼赋》），在这些风格独到的叙述中，充溢着大量光色的渐变与意象静动之间的转化。

“快要烧尽了，日轮半陷在安红光的灰烬里，愈沉愈深。山口外，犹有殿后的霞光在抗拒四周的夜色，横陈在地平在线的依次是惊红骇黄怅青惘绿和深不可泳的诡蓝渐渐沉溺于苍黛。”在

《山盟》一文的叙述中，这种繁复光色与情绪迭加的抒情方式比比皆是，这使其文风如同一方化不开的浓彩，宛如一锅色香味俱全的古典大餐。连绵粘稠的意象与飞动跳跃的光色使余光中笔下的世界充溢着古典美学的气息与意境。

唐人白居易早有言："日出江花红胜火，春如江水绿如蓝。"斑斓多姿的色彩感是古典诗文中突出的特质，余光中继承了古典文学的美学传统，并将抒情意境与个人生活体验融汇在一起，这就形成了其散文独有的风格。"中西部的秋季，是一场弥月不熄的野火，从浅黄到血红到俺赭到郁沉沉的浓栗。"即使在以书写异乡美洲的风情为主题的散文《望乡的牧神》中，余光中依然在追踪密集的意象与丰美的意境，这与不少作家旅居海外后便采用欧化语体进行书写不同，他的创作始终是在中国古典美学的框架内展开的，尽管故乡已是"断鸿声里"。但这并不能消弭余光中笔底的古典美学诉求。

除却对意象的排列与连绵，余光中在散文中时也时常"反弹琵琶"，将原本浓烈密集的意象加以拆解、紧缩与凝固。"为了感觉的紧凑与突出，余光中强制性地将意象紧缩在一起，构成一个连锁相生的结构，以获得感性的完整和浑成。"余光中在散文画面中"油门大开时，直线的超级大道变成一条巨长的拉链，拉开前面的远景蜃楼摩天绝壁拔地倏忽都削面而逝成为车尾的背景被拉链又拉拢。"（《高速的联想》）严格来说，这段颇为经典的表述方式并不符合语法规范，但在余光中散文里，这种表述不仅合情合理，而且堪称生花妙笔。陌生化后的词语被挤压进紧凑的结构中，这恰好与汽车高速行驶时所见的向后流逝的路旁景物的心里感觉相吻合，这种写法不拘泥于对物象的表层描述，而是还原作家当时的真实心里感觉，正所谓"一切景语皆情语"，在余光中散文中，密集繁复的意象或被拉长延绵，或被挤压紧缩，最终都突出他在创作中的感性姿态，当作家面对散文这位"缪斯女神"的时候，便是心无杂念而抒写情意的时候。

实际上，余光中在书写散文的创作心态上，也是怀着一颗诗人的敏感心灵的，这也就不难理解在其文中大量的似乎不合文法而有义丰境美得语言了。在余光中的散文里，尽管他不再把情感诉诸于诗歌这种文体，他离开了诗歌，却依然是个诗人，他的散文是诗人的散文，是诗人的观察与情绪体验，并且这些观察与体验都与中国经验有密切关联。

在余光中的散文中，对意象塑造的娴熟技法令文章神采飞扬，但我们并不能因此便将“余氏文章”简单看作凭借技巧夺人眼球的舞文弄墨，其文的绝妙之处更在于他能在独具风格的语言与意象背后表达出内心的文化经验与生活体验。

在名篇《听听那冷雨》中，余光中营造了一个风雨飘摇却意味丰富的美学意境。“十年前，他曾在一场摧心折骨的鬼雨中迷失了自己。雨，该是一滴湿滴滴的灵魂，窗外在喊谁。”面对飞洒飘扬的冷雨，余光中的思想随雨而飞动。风景本是自然生发的，但作家却将它内化为独特的文化经验，这个经验便是随一个人的自然生长和精神生长而形成的“中国意识”。余光中要寻找存在于自己体感中的这个中国，是个体性、私人化的“中国感觉”下的“感觉中国”。每个人的成长，都从感觉自己身边的事物开始，而后深入生存现象背后地从感觉古典、感觉文化开始，最终到直觉、直观神州大地，形成整体的观照。“一个人的生长环境和文化，决定了他的思维框架。不适合这个框架的，他就失去了依傍，他就不能与环境一体、就会生活方式紊乱、就失去了判断力和控制力，就迷失了自我，就丧失了完整性。”

远离故乡的余光中已经不能在现实生活中体验真实的中国，只好将这种情感诉诸于散文创作。但余光中的“中国意识”落墨之处并非一个政治意义上的民族国家，而是“梦在汉唐”，是在中国古典文明的辉煌与美丽之中。现实中残损与分裂的世界反而激发了余光中的创作欲望，身居异国的作家时常怀想故国的文化与历史，“任你多少豪情侠气，怕也经不起三番五次的风吹雨打。一打少年听雨，红烛昏沉。两打中年听雨，江阔云低。三打白头听雨僧庐下，这便是亡宋之痛。”（《听听那冷雨》）将古人诗词化用入现代散文创作中，余光中在当代作家里堪称一绝。蒋捷《虞美人》的意境被余光中化用为中国古典美学的象征物，为在对“冷雨”的感官体验之上深掘了中国传统文化的悠远与纤弱特质。

“这里已是中国的至南，雁阵惊寒，也不越浅浅的海峡。雁阵向衡山南下。逃亡潮冲击着香港。留学生向东北飞，成群的孔雀向东北飞，向新大陆。有一种候鸟只去不回。凤凰、麒麟、龙、雁、孔雀在这里飞着，缤纷复凄凉，绘成一个中国文化不快乐的时代。”（《逍遥游》）尽管身处异国他乡，余光中登楼远望之时，心中所思所念依然是故国的锦绣河山与灿烂文化，中华文明的图腾生物在他脑海中不断浮现，都市的水泥森林也无法笼罩他内心强烈的怀乡之情。

生性热爱旅行的余光中曾走过世界上许多山山水水，见识品赏过世界各国的风土人情，尽管他直接书写大陆风情的文章并不如书写异域的多，但他的异域体验里却总是隐藏着一个想象中的中国。“古老的中国宛如幽灵附身，伴随他走到天涯海角。华夏的河山、人民、文化。历史是与生俱来的家当，中国的祸福荣辱是甩不掉的胎记。”世界各地的风景都在余光中笔下与中国古典的山山水水相遇，我们读他旅居海外所写的文字，犹如在读他的中国乡愁。“城，是一片孤城。山，是万仞石山。城在新的西域。西域在新的大陆。你问：谁是张骞？所有的白杨都在风中摇头，萧萧。”（《丹佛城——新西域的阳光》）即使在描绘美国城市的风景，余光中的笔触依然落在了中国的文化风景上。“一片孤城万仞山”，身在异国的余光中将外在的风景内化为心灵的体验，经过生花妙笔的描摹，便可在文章中召唤古人，召唤中国传统的美学经验，化诗入文，落墨之处，便是一组诗情画意的意境。

“除了几缕灰烟从人家烟囱斗里袅袅升起之外，茫然的白毫无遗憾的白将一切网在一片惘然的忘记之中，目光尽处，落基山峰已把它重吨的沉雄和苍古羽化为几辆重的一盘奶油蛋糕，好像一只花猫一舔就可干净一样。白，白，白……”这段文字极见功力，飘飞而落的雪花在余光中的笔下被传神地描绘，长句与短句的搭配组合令原本静美的意境富有一分灵动之美，这样感性而渲染力十足的描写，突破了地域与时间的限制，余光中在风景书写的背后，正是对中国传统美学经验的运用，“物物者与物无际”，作家浓重的笔墨所在，也是文化的寄托所在。

“烧我成灰，我的汉魂唐魄仍然萦绕着那一片沃土。”余光中透过散文创作，想象着那个遥远的国度，那是一个审美的中国概念，一个文化的中国概念，这是无法割舍的历史和民族情感，它内化成形而上的永恒乡愁，陪伴他云游四海、浪迹天涯。

# 双子座川端康成

1899年6月14日，川端康成出生在日本大阪一个不幸的家庭。在其后漫长的岁月中，这个双子座的男孩一直未能摆脱内心的悲剧情绪，“天涯孤儿”的经历令他过早地饱尝人间冷暖与世事悲凉。然而，对精致美感的追求，也是他内心始终坚守的文学信念。正如双子座的普遍特征，这悲情与美感之间的矛盾与张力，连缀了川端康成的一生。

当海棠花未眠时的温柔拂过子夜的暖风，当幽谷秋色攀爬上茫茫苍岭的险巇，当伊豆茂密松林的斑驳清影从时光深处缓缓流出，当雪国上空的银河将满天星斗在心头倾倒……川端康成的文学作品中有着对西方文学技巧与思想的思考与探索，但最引人注意的还是他对日本传统文学风格的继承与创新。在日本传统文学精神中，有着幽玄的亘古之风，有着风雅的飘零思绪。但在川端文学中最为昭显的却是“物哀”的心理情结与文学传统。而这种别具一格的“物哀之美”恰如春末樱花凋零时节的感伤，仿佛一种根深蒂固的情结，深深地固结在每个热爱川端文学的读者心底。

“物哀”的文学精神从日本平安朝时期的《源氏物语》便生发滥觞，到川端康成之时便生成其文学形态之内核。川端在《日本美之展现》中提及，“平安朝的风雅、物哀成为日本美的传统”，而在《不灭之美》中又说：“悲哀这个词在日语中和美是相通的。”这种特殊的“哀”，主要体现为对美好淳朴而弱势的事物的同情与爱怜之情，在川端文学中则明显地显现为对女性的爱悯之情。从《伊豆的舞女》中清纯可爱的熏子，到《雪国》中驹子的美丽与哀愁，这种蕴含着对女性悲惨遭遇的同情、哀怜是贯穿其作品的主要风格。进一步说，这种“物哀”之美与日本民族心理是分不开的。读川端的文字与思绪，总是离不开对孕诞这种特殊文学形态的日本民族的思考。

对于日本这个国家的历史与文化，我们的感情与思绪往往是复杂的。抛去恩怨情仇的纠葛，单是日本人对“残缺”“零落”之美的酷爱也足以令我们感到困惑不解了。

世界上不会有第二个民族会像日本人那样重视残缺之美。众所周知，大和民族对日本樱花的痴情不过是这种心理的浅层表现。传统日樱最清美之处在于其花蕊蕊心之雪白纯净，甚至它们雪白到了凄惨冷峻的情况。然而，当樱花在残风中翩然而落，当一地破碎的花瓣在镜水上斑驳而荡漾，绽放着、闪烁着日本人心底最为澄澈而真实的怜惜。

这个多灾多难的岛国，像在大平洋的汹涌澎湃中随风飘荡的一叶孤舟，令人时常深感朝不保夕，生命无常。正是这种忽而便会瞬息万变的独特生命体验，造就了日本民族中悲情而又坚韧的一面。面对生命的脆弱与无常，人们只能去讴歌此刻生活的欢愉，去赞美短暂生命的繁华与憔悴。这种天生的敏感思维与极度诗性的感性体验，使日本人借助文学与艺术获得了精神上的慰藉与释然。

一面是山崩地裂的自然威胁，一面是复杂冗长的献城礼与剖腹自尽的仪式；一面是海啸的怒号在天风的助长下发泄着淫威，一面是淡然宁和的插花小生活——日本人就在这样剧烈而纠结的矛盾间顺着生命的缝隙艰难存续着文化的火种，而在川端康成的文学世界中，这种有着丰富生命感悟基础的“物哀”之情则被发挥得淋漓尽致，尽显其文风里荡漾着的独到才情。

川端康成笔下有着“物哀”之美。其一，为清峻之美。在

《伊豆的舞女》中，我们嗅不到浓墨重彩的香艳，我们听不到绚烂奔放的遥响，甚至触不到些许可以令我们感到刻骨铭心的亮丽字眼。在这幅清雅的小作中，涓涓流水映衬着川端那无法释怀的闲绪与清愁。当感情真挚深入到一种境界，渲染他的，往往不是纵情泼墨的畅快与绝美，却是一抹无法言说清楚的淡淡的风雅情思。

《伊豆的舞女》中的男主人公是一位20岁的社会地位高、受世人尊敬的东京一高的学生，女主人公则是社会地位低下、受到社会歧视、被认为是出卖肉体的一江湖舞女。这样反差极大的人物对比塑造，对表达作者的“物哀”情绪的效果是明显的。在小说俊秀的文字中，主人公当然也知道舞女的社会地位，知道和舞女同行可能会遭受人们的歧视与侮辱，但是他却无视这些，依然与她们一起旅行。在情窦初开的青涩时光中，每一点小小的感动或许都会拨动人最敏感的心弦。当男主人公渐渐对舞女熏子产生浅浅的爱意之时，恰恰也是两人分别的一刻。纯心爱一个人是幸福的，但是，又明知这种爱是不现实的，不可能的，这是何其痛苦，何其凄美!而在川端康成的笔下，这种痛苦并没有以一种剧烈的情绪而表达出来，而是借助意志力对思绪的压抑与克制，将这种不可名状的哀愁化作对一切简单而又转瞬即逝的美好事物的爱怜和惋惜。借助这种悲惋与清峻的笔调，“物哀”的美与意象从抽象的玄思化作形象的事物——显然，在社会偏见的巨大裂隙里，美丽年轻的女子，则是川端康成最为钟情的“物哀”对象了。

其二，为冷艳之美。如果说以但丁、莎翁、歌德一脉贯成的传统西方文学昭显了一种浓烈雄阔的阳力之美的话，川端康成笔下的日本文学则是一种散发着清浅幽雅的阴性冷艳之美。这种“可远观而不可亵玩”的独特美学形态，时常令读者感到一种“只可意会不可言传”的美感体验。而这种冷艳的情感表现，在川端康成借助自然景象的推波助澜下愈发明显。

清冷俊秀的自然景象，温柔地飘逸在川端康成的文学图景里。在《伊豆的舞女》中，川端康成把这个美好的故事展现在如画的背景上：重叠的山峦、茂密的森林、深邃的幽谷、浓郁的秋色、纯净的碧空……而所有这些清新、美丽的景色又是同美好的人情交织在一起。川端康成还特别选择了“雨”这一大自然中最有传情因素的景物来渲染气氛，烘托人物情感。“雨”在小说中多次出现，这一东方文学的传统意象，被赋予了丰富的含义：主人公与舞女纯洁的情感正如雨滴般晶莹剔透；主人公对舞女的思念爱慕的朦胧正像雨雾的清寂缥缈；主人公对舞女的依依不舍又如细雨的连绵不绝……在这粘稠的笔触里，雨、人、情达到了水乳交融的状态。川端康成描写自然不单纯是用笔来描写，而是用心灵去描写，用真情去描写，用自己的全部精神去理解自然和领会自然，把写自然美同写人物美、人情美融合在一起，人与自然和谐地交织为一体。而这冷艳而不虚假的自然景象里的丰富感情，更是造就了川端康成无尽感伤而哀愁的风韵。

在东方文学的斑斓世界里，最浓情的思绪常常借助最清浅的文字来抒发。日本作家铃木彦次郎曾这样评价川端康成的文学风味：

“是山间流出的清泉水，这是在清冽和新鲜中奔流向前的泉水，它也极大限度地包容了伴随着泉水流淌的浮想联翩的感觉。”

这种川端康成独特的文字表现方式，这种无法用刻板单调的语言来述说的“物哀”之美，恰似朵朵浴风飘零的残樱，在忧郁的春末中零落出令人遐想的美丽与哀愁。

# 我们这一代人的怕与爱

2013年10月20日，在文坛沉寂五年的蒋方舟出版了新书《我承认我不曾历经沧桑》，这个从九岁开始就受到世人密切关注的“少女作家”再一次成为媒体聚焦的热点。与此同时，刚刚从清华毕业的她拿到了《新周刊》的聘书，成为这家颇具影响力的杂志的副主编。在这个众声喧哗的传媒时代里，蒋方舟的“成功”自有其独到的“卖点”。蒋方舟少年成名，读大学前已出版八部个人专著，其文风之犀利诙谐更被称作“作文革命”，加之曾任中国少年作家学会主席，这些荣誉使她从小就被纳入我们这个时代的主流叙事中。而清华大学的求学经历与她遍及博客、微博、知乎等社交网站无处不在的足迹，又令不少大学生读者将其奉为“公知女神”。在这些年里，蒋方舟身上“天才少女”的光环似乎被另一种身份所逐渐替代，唯一不变的是社会对她居高不下的关注度。与很多少年得志的人不同，她终究没有被世人遗忘，而是越来越多地介入社会的现实，以至于被更多人观察、评论与褒贬。

“不曾沧桑”的少女作家

在大多数小学生对这个世界还懵懂无知的时候，蒋方舟就写出了第一本书。现在看来颇为吊诡的是，这本《打开天窗》（1999）的封面上的宣传语竟是“一本真正意义上的小学生新概念作文，一个9岁孩子的七彩世界七彩梦，一方原汁原味的儿童世界”。显然，这本书面对的读者是与蒋方舟同龄的少男少女们，然而，没有购买力的儿童们想要读到这本书，无疑是需要通过老师和父母来“把关”的。蒋方舟能“火”起来的绝妙之处即在于此：一方面，将《打开天窗》描绘成“新概念作文”的范文，这对望子成龙的家长们的刺激与启发是不言而喻的；另一方面，蒋方舟诙谐幽默而充满童趣的文字对同龄人的吸引力也增加了读者们对她的认同感。另外，《打开天窗》中儿童本身写儿童文学的写作立场也成了媒体宣传的“卖点”，这也便吸引了许多评论家和作家的目光，以至于蒋方舟很早地便进入了文学界的主流关照中。

然而，蒋方舟搞怪夸张的写作语言是不可能被推崇中规中矩的应试作文模式所接纳的，却令一些文学研究者颇为赞赏，钱理群先生就曾对《打开天窗》的语言风格有过“词语的吸收能力很强”的评价。当然，今日来看，彼时蒋方舟的文笔还是相当稚嫩的，但她言语之间流露出的童真情趣亦十分难得，在年龄尚小而抒情手段与叙事能力不够的时候，能够用最自然明快的语言将心理体验清晰地表达出来，在同龄人中已是翘楚。

在《打开天窗》之后，被冠以“天才少女”的蒋方舟便一发不可收拾，在短短的几年间，便拿出了五六部杂文集与小说，《正在发育》（2001）是其中名气较大的一部。12岁的蒋方舟，在这部杂文集里让关注她的成人读者与同龄人跌破眼镜，这一次，“乖乖女”的称号便有些不合适了，一个叛逆而“早熟”的少女形象浮出水面。“我们班男同学活得不耐烦了，要编《泡妞密笈》。这我倒不大奇怪，我们班女生少，物以稀为贵嘛！这个《泡妞密笈》的创始人竟是自称为帅哥的班中最丑的男孩。”蒋方舟在《泡妞秘笈》中开篇如是说，甚至她还将杜牧的千古名句戏称为“停车做爱枫林晚，霜叶红于二月花”，想必这令很多家长看到，该把蒋方舟从“天才少女”改称为“问题少女”了。有趣的是，这些由少男少女讲述出的带有某些成人情色意味的语言，在同龄读者中却引发了共鸣。书中《社会课上的中国》《有奖的思想品德》《九品芝麻官》

《我妈的婚外恋》《我变黄了》等短小精悍的杂文虽言语夸张戏谑，却真实地记录了一个“早熟”少女对身边事物的看法。如果说成人世界的写作很多时候是一种补偿或修饰的话，这个时期的蒋方舟却是一个不含任何世故的年龄，她看似“不够纯洁”的叙述本质上是一种面对真实社会的“纯洁”，在《正在发育》的故事中，蒋方舟毫无避讳地表达了自己对成人世界的看法，政治、阶层、婚恋等严肃问题在她搞笑的笔法下变得生动而夸张，仿佛她是“皇帝的新装”的故事里那个说出真话的孩子，用最直觉地判断撕碎了成人世界的虚伪。

在《正在发育》出版后不久，蒋方舟相继拿出了《青春前期》（2002）和《都往我这儿看》（2002）两本著作。这个时期的蒋方舟的写作风格比较稳定，她不仅在叙述中扮演故事的主角，而且喜欢对身边各种现象品头论足。实际上，蒋方舟妙趣横生的杂文里不仅有放大后的自我的形象，还书写了一代人的生活态度与思维方式。“他们敏感，好奇，而叛逆。在他们的生活中，电子游戏成为日常进行的主要动力，电视广告像台词一样脱口即出，成人因素充斥了整个少年世界，早恋、发育等敏感问题随时爆炸出不可抑制的脸红心跳。总之，这是一个朦胧、躁动，充满未知的时期。”

蒋方舟在两年后出版的《邪童正史》（2004）似乎可以被看作一个叙事姿态上的转折点。《邪童正史》用“故事新编”的手法来重新讲述了几个“历史公案”，比如把神农氏写成“日出而作，日落而息”的“好男人”，说华佗给女人看病的方法“令人害臊”，虽然叙述笔法依然稚嫩，但已经出现了比较完整的小说叙事技法。而到了《骑彩虹者》（2006）与《第一女生》（2007）中，蒋方舟终于开始写小说了，而且是最流行与“媚俗”的青春校园小说。

《骑彩虹者》的故事以学校里一次所谓专家进行的天才测试开始，写了三位初中生一段离校出走又安然返回的故事。而《第一女生》取材于蒋方舟真实的中学生活经历，女主角连笑凭借努力从校园“丑小鸭”变成“第一女生”的故事中隐隐带有蒋方舟自传的影子。这两部小说就文本叙事本身并无太多值得研究之处，但作为儿童文学作家的蒋方舟消失了，在两部青涩的青春校园小说里，我们看到了一个变得有些迷茫与纠结的蒋方舟，她与同龄人一样，面对青春期的欢乐与伤感，成功与挫败，奋进与徘徊，有着相似的感受与情绪，书里书外的蒋方舟在成长着，一代人的青春期也如此走过。

2008年，蒋方舟站在了高考的人生路口。进入清华大学后，她在文坛逐渐沉寂下来。除了辑录了一本少作《谣言的特点》（2009）外，求学期间她没有出版任何个人著作。很多当年追踪她足迹的“粉丝”们不禁为她拿一把汗：那个无所顾忌、言论高调的蒋方舟去哪儿了？

五年之后，作家蒋方舟带着新书重登文坛。“记录本身，即已是反抗。”蒋方舟在《我承认我不曾历经沧桑》中的观察者的形象，在书封的寄言中已赫然呈现。“水木塘边赏月、未名湖畔折柳亦不枉此生。”无疑，大学四年的经历沉淀了她，蒋方舟变得更加成熟、睿智和冷静了。

在《被绑架的一代》开篇，蒋方舟便叙述起了“十年前的往事”，一段画面感极强的叙述扑面而来：“国庆庆典前的彩排，上万名少先队员在《中国少年先锋队队歌》的乐曲声中，走过天安门广场，放飞了万羽鸽子和彩色的气球。他们欢呼跳跃着，以秋分时节海潮的速度，像液体一样，狂欢着涌入街道，不可控制地渗入城市的所有缝隙。”蒋方舟与我们一样，也曾经为国家体制的宏大叙事而欢呼喝彩，但在激动与崇拜中，她却显得与集体的狂欢格格不入。“1999年，我十岁，乖僻，不恭。”蒋方舟第一次意识到自己在人群中思想的“另类”，但也与此同时，她完成了自己面对体制意识形态的规训力量时的第一次觉醒。在接下来的叙述中，蒋方舟回忆了闭塞的初中生活与开放的高中生活，一个是铁路职工子弟的环境，一个是“土豪”云集的贵族学校圈子，这是两个阶层，青春的单纯美好记忆在强烈的阶层反差中变得扭曲而怪异。当蒋方舟意识到自己所在的位置的那一刻，也是最终失去童年美好光晕的时刻。她在文章中将年轻人定义为“不怕穷，对财产也没有恭敬心”，但她同时却目睹了高中那个贵族学校里诸多“富二代”们令她难以理解的行为。这一切，都曾经发生得那么自然，那么普通，而在蒋方舟回忆起这些往事的时候，依然是语气平静温和、叙述节制得当。但是，我们都知道，“故人无少年”，蒋方舟也终究不再是那个天真的“邪童”了。

对于社会的不公，对于阶层的差别，对于不平等的财富，蒋方舟并未对自己“能够如此心平气和地接受和认可”而感到意外。然而，《我承认我不曾历经沧桑》中冷冰冰的语体风格并未掩藏住她内心那颗还没有老去的心，蒋方舟的笔底不曾冷却过，现在依然是火热的，她从来没有放弃过对这个世界的思考、观察与评论。

“如果说我的小学和初中同学几乎没有过青春，那我的高中同学就一路撒丫子年轻，而大学同学是心智生产和恶斗程序的胜出者，是教育的脑力工厂量产的产物。”蒋方舟在《三十未立，二十而蹲》中，蒋方舟对青春与奋斗的看法不仅是属于自己的，也引起了一代人的共鸣。“五四”以来每代人的成人礼都由时代赐予，唯独我们这一代年轻人只能面对稳定盛世与固化阶层而“三十未立”。蒋方舟对于这个社会的观察，善于通过一些隐微的细节来表达，这一方面主体叙述规避了直面宏大话题而被击碎的风险，一方面也更易引起读者的认同，她的叙述技巧越来越高明了。

与叙述手法的精进相仿，蒋方舟在杂文中的批判意识也越发强烈，但这批判并诉诸于如她少年时期戏谑夸张的手法，而是用冷静的笔触描述真实客观地故事。《中产阶级的孩子》讲述了一个“中国式成功”的家庭出来的孩子的心路历程，他从“革命理想主义”最终变成一个安心于移民异国的人，这个巨变与他那个“又红又专”的党员室友的“坚定不变”形成鲜明对比，但蒋方舟在叙述中却毫无情感色彩与价值判断，她并非没有自己的立场，而是要把评判的话语交给读者们，对于这个复杂的社会，已经全面分化的社会阶层中的每个个体都会有自己的价值判断，想必蒋方舟是深知这一点的。

“世界并非是不完美的，或是正处于一条缓慢通向完美的路上；不，它在每一个瞬间都是完美的。”蒋方舟引用黑塞在《悉达多》中的名句，讲述了他的师兄柳智宇出家的故事。《天才的出走》是她唯一一篇为一个人专作的文章，可见柳智宇在蒋方舟心中重要的位置。北大耕读社的经历激发了这个数学天才的佛心，他最终还是选择了归隐龙泉寺。蒋方舟将柳智宇看作这个时代罕有的仍有强烈理想主义情怀的火种，甚至他要当北大校长的“愿望”，也是完全可以理解的，与其说蒋方舟所认同的是这个天才少年，不如说是她心灵深处还有着一些对世俗世界的不解与对理想世界的愿景，“我想去寻找他，甚至报名去他所在的寺院当义工，但最终也只是远远地见了他一面而已”。人生并没有真正意义上的成功，任何比拼都是相对而存在的，蒋方舟有这样的思想与她的经历息息相关，从小带有无数“光环”的她最终也不过是如在《我为什么不敢“留点余地”》里所说的那样：“我甚至不敢小声地对自己说：我累了，我不想再继续跑了。”

蒋方舟不仅从个人生活体验出发来理解社会，也会对一些社会文化现象提出自己看法。在莫言获得诺贝尔文学奖后，蒋方舟没有忘记提出自己的立场：“对于作家而言，比起改朝换代的革命，他更应该关心那些革命改变不了的，永恒的人类苦难。”正如他在文章题目中所述，“作家真正的恐惧，是被国家所魇住”。另外，蒋方舟也会对一些作家作品做出评论，如阎连科、沈从文、白先勇、张爱玲、木心等，在《文学中的乡土中国》《将军白先勇》

等文学评论的文章中，蒋方舟的叙述语言如静水流深，平澹而不沉闷，如水底的火焰，笔底波澜而表面平静。

刘瑜曾这样描述蒋方舟：“她最难得的地方在于她对自己的脆弱。迷惘甚至是羞愧都更为坦然”，笔者对此深有同感。笔者比蒋方舟小一岁，算是同龄，蒋方舟笔下的世界正是我们这一代人的世界。随着“80后作家”“美女作家”“天才少女”等标签的逐渐弱化，蒋方舟正在以一个更加独立的姿态展现自己的思想与文才。忽然有一天，当阶层、政治、乡土、“民国”“中国”等宏大概念与严肃问题出现在蒋方舟的文章中时，我们终于意识到蒋方舟真的长大了，她不再是那个在课堂上调皮捣蛋的小姑娘，也不再是那个“正在发育”的少女，而是一个真正开始思考社会种种现实的作家，青年的主体意识从她的“观察”处萌生。

事实上，一直以来的所谓“主流”框架并没有给蒋方舟带来某些学院派的呆气，反而为她提供了一些知识背景与更大的文化视野。在这种背景与视野下，蒋方舟对社会的观察也是更符合学理的，这就很好地弥补了年轻作家纯粹依靠生活经验来写作的缺憾。

对于蒋方舟的诸多同龄读者们，也包括笔者自己，其实我们并不只是在阅读蒋方舟，而是在阅读我们这一代人的成长历程，是阅读我们这个时代。出生于八十年代末九十年代初的我们，成长在市场经济猛烈推进与世俗化进程加快的是时代里，父辈的革命热血与上一代青年的理想主义情怀早已被挤进历史的尘埃中，跌宕的人生与伟大的传奇与我们无关，一个空前稳态而平庸的时代成为我们的成长底色。

作为一代人心路历程演进的症候，蒋方舟的作品里的故事也是我们身边的故事，她所热爱的、所憎恨的、所同情的、所畏惧的事是我们共同经历的，当这一代人也进入了“奔三”的年龄，面临“三十而立”的挑战的时候，蒋方舟所做的，无非是在为这些共鸣的情感而代言。但这代言却是十分可贵的，时代需要青年“发声”，被一些人“妖魔化”的“80后”“90后”们，正是要借助于这种“发声”，才能锁定自己所处的时代的位置。

# 隐匿的历史与幽暗的先锋

很多优秀作家在处理时间感与叙事节奏的关系上，都具有自己独到的见解。比如，余华会把“文革”的政治话语揉进肉体/精神的紧张感，对时间的紧迫感产生了明晰可辨的叙事节奏，还有格非这一类作家，会把宏大的历史背景掩抑在一种缓和甚至慵懒、温情的叙事节奏里，生成了“乌托邦三部曲”式的独特美感。

然而，山东作家王秀梅的风格似乎迥异于此，从她近年的中短篇小说创作来看，她似乎在有意识地借助先锋叙事建构一个幽暗的文学世界，与此同时，他对历史及其时间意识的态度是暧昧的，甚至是犹疑的，王秀梅的叙事到底有何独特之处呢？

王秀梅近年创作颇丰，主要作品集中于中短篇小说的体裁。其中，《父亲的桥》《浮世筑》《浮世音》三篇小说堪称“父亲三部曲”，故事主角都是父亲缪一二，但故事各自独立，讲述的都是“缪一二不知所终”的故事，可结合起来读。另外，王秀梅还写了两篇《聊斋志异》的“同题小说”，分别是《瞳人语》与《四十千》，风格颇为先锋神秘。

与上述作品相仿，王秀梅最新创作的《一墙之隔》更加耐人寻味，其文本继承了“父亲”的故事的大体思路，同时还具备更加敞开的先锋风格。《一墙之隔》设置了一个隐喻性极强的意向：墙。

在小说主人公缪线路还是一个孩子的时候，亲眼目睹他的父亲穿过挡墙上的破洞，到了另外的一个世界。在此后的几十年里，他克制着心中巨大的好奇，始终没有穿越那堵墙，去看看另外那个世界是什么样子。那里终年响着把他父亲载走的火车那轰隆隆碾轧大地的声音。直到有一天，挡墙消失了，人们告诉他，那里从来就没有过什么挡墙，火车站也在八里之外的地方。结尾，缪线路在一个黯淡的夜晚再去那里，却发现挡墙还在。他终于穿过破洞，乘上了一列轰隆驶过的列车。

王秀梅在《一切都可能不知其踪》这篇创作谈中，提到了"墙"的意义：暗示时间的"威力"，令墙的意象与人们对它的记忆终将不知所踪。事实上，王秀梅笔下"父亲"的形象并不清晰，如同隐匿在暗处的人影，时而出现在主人公缪线路的成长世界里，时而消失在历史的阴影里。值得一提的是，尽管王秀梅称自己对时间的变幻并不敏感，但她却在文本的时间叙事中"设置"了一条重要而模糊的线索。

在《一墙之隔》中，"文革"作为一个真实发生过的历史事件，并没有被王秀梅"正面强攻"地描述，而是用日常生活的琐碎、无常、变换来消解重大历史事件的宏大形象。但是，当故事进入80年代后，文本的叙事时间却逐渐清晰起来，甚至还侧面写到了1983年、1984年的"严打"的政治事件。但是，在这个过程里，王秀梅和小说主人公似乎都只是在"个人成长"（心理成长、生理成长）的意义上展开了日常生活，甚至而没有诉诸于宏大历史叙事的背景。

电视机这玩意儿，我进去那年还不是很多，现在可好，普及了，还都是彩色的了。我凑过去看屏幕上花花绿绿在演什么，只见一个女的，长相一般，留着短发，穿着红背心和红短裤，肩膀上披着一面五星红旗，绕着一个操场在跑；周围看台上许多人在乱叫唤，都很激动。

“什么节目？”我问。

“这都不知道？”海产品店老板不可思议地看了我一眼：“亚特兰大奥运会呀！王军霞，真厉害，冠军。五千米呀！”

“哦。”我假装知道奥运会是怎么回事。其实我哪儿知道呀。

这段叙述十分精彩，也十分重要。浪荡子缪线路被关押了十二年后，终于重新回到故乡的普通生活里。然而，他连彩色电视机都觉得新鲜，在与海产店老板的对话里，出现了整个文本唯一的具体的历史事件：亚特兰大奥运会。在面对这个举办于1996年的世界体育盛会时，主人公竟然感到茫然，但似乎并不懊悔这些年逝去的岁月。从叙事学意义上讲，这是文本中最重要的时间线索，由此上溯十二年，正好是1984年，会让读者自然联想到主人公“犯事”正值“严打”期间，而以此为线索，也能大致推算出文本前半部分的“文革”期间的故事所对应的年份甚至政治事件。这种“不写之写”的历史叙事是相当高明的，也非常考验读者的观察力和与作家的“契合”程度。

正如王秀梅在《一墙之隔》的题记里所说，它“献给曾经迷茫的我们”，这种“迷茫”的状态不仅是叙事心理上的，也是叙事技法上的扑朔迷离，在这种先锋式的、解构式的文字迷宫中，王秀梅似乎无意揭示历史的真实面孔，而是更迷恋在宏大历史下个人成长中的焦躁不安、孤独惆怅。

如果说，在几年前王秀梅的小说中，最明显的符号就是“槐花洲”，近年她的创作中始终无法摆脱的却是“父亲”的形象。然而，颇为吊诡的是，这个重要的意象往往是隐匿的，神秘的，甚至在寻遍叙事的精妙之处后，依然搞不清“父亲”的来去踪迹。

中篇小说《浮世筑》讲述了“父亲”的逃避与隐匿。“父亲”退休后躲进山洞，并靠专业技术手段存活下来，在神秘的洞穴中，父亲最终的命运“不知所踪”。如同王秀梅热爱的梦境叙述，洞穴生活的灵异与神秘也给读者带来了遐想空间。王秀梅曾在《见识冰块的下午》里提到自己在童年时代对死亡、离别的恐惧体验十分深刻，宏大历史就像“怪兽”一样吞噬了少年时代本该拥有的温情与美感，代之以阴冷、幽暗的奇诡体验，这些早年经历让作家的笔下不免呈现阴冷、怪异甚至超现实主义的叙事风格，具体在文本里，则往往呈现为叙事主体的逃离、隐匿、无征兆地消失……

父亲蹲在地上摆弄春蚕的那个上午，充满了可疑而又动人的兆迹。数月之后，母亲用一种说不清是愤怒还是亢奋的语调，向我通告了他的失踪，我眼前立即出现了一个奇异的画面：父亲缪一二其实是在那个上午就离家出走了。

《浮世筑》的开头神秘而诡异。尽管“父亲”的形象在文本中偶有出现，但“父亲”的缺位却是客观存在的。“我”和家人不断去寻找“父亲”，但除了旁人言语中的消息，读者对缪一二的身份和往事知之甚少。工程师缪一二“是一个战士，在跟人生搏斗的过程中，虽然获得的是灾难性的胜利，但谁也无法否认那些伤口的光荣”，这个最终失踪的“父亲”不只是故事中缺失的重要形象，在文本叙事里也扮演了消弭先锋虚构与沉重现实的角色。每当“我”在世俗世界里感到孤独与痛苦，“父亲”的身影总会有意无意地出现。

“父亲”失踪的背后，或许正是作家内心深处的梦幻之地，它虚幻而神秘，就像缪一二隐居的山洞，在这个过程里，作家的叙述绵密而幽深，把童年生活的动荡不安的一面逐渐压抑起来，代之以幽深玄奥的情感体验。在漂泊不定的体验里，王秀梅笔下呈现的不是宏大历史叙事，而是非常细小、甚至琐碎的日常生活。从这一点上看，王秀梅也与其他70后作家有一些相似之处，她似乎无意于构建一个文本的乌托邦世界，而是在一个神圣性消弭殆尽的世界里踽踽独行，当“父亲”的保护性、责任感被解构后，还有什么明媚的往事值得少年怀念的呢？

在王秀梅另一篇写“父亲”的小说《父亲的桥》中，读者似乎可以再次捕捉到这种“寻父”的结构，然而，“寻父”的动机却是尴尬的，“无父”的少年时代伴随着生活的琐碎与无奈，生活的压力、对未来的迷茫、精神的紧张感等等，这些都被作家以先锋的叙事呈现出来。

巴西作家若昂•吉马朗埃斯•罗萨曾写过一篇《河的第三条岸》，也是以先锋的手法讲述了“消失的父亲”的故事。罗萨用写作来反抗记忆里的黑暗与压抑，藉此寻找自由与光明，王秀梅的“寻父”或许正是建立在一种“无根”的莫名焦虑中，而在“父亲”和“我”的时而隐匿、时而亲密的关系里，“我”的内心逐渐接受了那些苦楚、现实，在寻找失踪的“父亲”时，“我”的焦虑也逐渐得以缓解，尽管最后的结果并不尽然是光明的，但在这个过程里，“我”（或者就是作家本人）的内心却是充盈的，是宽容的。

与她的故事构思相仿，王秀梅的叙事语言也颇具独特风格。精准是王秀梅小说语言最重要的特质之一，事实上，在很多先锋叙事的文本里，不少作家往往忽略了细节语言的精准问题，这往往会造成叙事的浮泛、臃肿，甚至令作品显得如同信笔涂鸦、不求甚解。而王秀梅的语言妙处就在于她很聪明地避开了先锋叙事的语言不准确问题，这就制造了细节的真实性，为整个文本的叙事结构奠定了扎实而细致的意象、细节基础。

父亲最后一次离开我们家的那一天，是在二十年之前。我记忆最深刻的，是那天闷热的天气：一场雨将落未落，夏季的热风徐缓地铺打着窗扇。时间是正午，我们全家人吃了一顿丰盛的饭菜——有一条硕大的鱼，被我们非常精细地吃掉，余下一根白里透乌的鱼骨，像齿牙破损的梳子。若非父亲，我们很难吃到那么大的鱼：都知道，母亲是一把过日子的好手。

就像在《父亲的桥》这篇相当先锋化的文本里，风景书写（闷热天气+夏雨热风）、精准时间（深刻记忆+二十年前+父亲离家之日）、物象细节（大鱼的鱼骨）等元素具备，并用“齿牙破损的梳子”来形容鱼骨头，进而引出“父亲”的故事，在陌生化的处理方式里把叙事逐渐展开，堪称妙绝。

除了凝练的细节，王秀梅还擅长打散句式结构，来制造“漫不经心”式的生活化场景。比如，在《父亲的桥》中多次出现“嚼得粗粝一点，大口吞咽，把它裹挟下去”“去弄醋。一碗”这样的凝练而日常化的语言。在《瞳人语》中，作家写主人公薄荷流产，竟然写到，“有什么东西热乎乎地顺着大腿和毛裤之间的缝隙，蜿蜒地流了下去，从裤管里流出，滴到雪地上，像掉落了一地花瓣”，其中“蜿蜒地流”“花瓣”等意象新奇而诡异，在陌生化的效果里呈现的是作家难言的苦楚。这些叙述语言看起来很“轻”，似乎信笔由缰，却内蕴沉重，“薄荷听着人们七嘴八舌地说着，听任着他们对她的种种安排。她一直就是一个听任命运安排的人”，在王秀梅的小说里，这样一种对命运和时间的无奈、无力感时常出现，尤其是面对宏大历史的“怪兽”时，作家的心态似乎无意于反抗、质疑，而是让生命在一种神秘的氛围里繁衍下去，这或许是作家独特的创作心理所致。

王秀梅多次提到蒲松龄《聊斋志异》对自己创作的重要意义，《瞳人语》《四十千》这样的“同题作品”似乎也能反映她面对阅读史中经典文本时的“影响的焦虑”。如果说蒲松龄笔下的的花鬼狐妖和魑魅魍魉是逃逸于正史、官学以外的原野生灵，或许也可以说，王秀梅笔下隐匿的“父亲”、无力反抗命运的薄荷、焦虑不安的“我”等等形象，也是在神圣乌托邦坍圮之后的渺小生命，他们无法组建属于自己的整体性生活，只能在历史的夹缝里寻觅生机。

然而，这些生命又何尝不是我们身边的普通人呢？那些往昔记忆固然幽暗压抑，却是客观存在过的，就像王秀梅所说，“我试图创作那样一种小说：它既现实又虚无，既朴素又异质，既重实又轻盈，既复杂又单纯”，在这样一种斑驳复杂的叙事风格里，她的小说被赋予了更多样解读的可能性与独特的魅力。

# 半空火焰的最后一吻

站在济南长清的天颐湖畔向北望去，有一脉灰蒙蒙的山峦。在空气较为清新的时候，山上裸露的岩石和杂草清晰可辨，至于天色阴沉，长云翻墨，便有迷散的烟雾漂浮在山体的周围。山体虽不绵延，却稳重坚实，但即使空气浑浊，也并无氤氲朦胧之感，只有一种说不出的压抑感，始终深埋在无法探求的心底。此山名为“白马山”，实则为泰山余脉的一支，在长清当地，此山更被称为“开山”。就在这里，八十四年前的一个初冬的午后，一代诗哲徐志摩殒命长空。

“去罢！我面对着无际的苍穹。”志摩走了，就像一个纯洁的孩子，在人世间走了一遭，体悟到了时间的爱与痛，美丽与哀愁，但终究要被上帝召唤回天国。诗人罹难后，学界各家人氏都纷纷写悼文或回忆文章以表纪念。在众多文章中，我独爱民国时那位北大的短命才子梁遇春学长的小文。全文不长，仅有几百字，故我全文录之：

“回想起志摩先生，我记得最清楚的是他那双银灰色的眸子，其实他的眸子当然不是银灰色的，可是我每次看见他那种惊奇的眼神，好像正在猜人生的谜，又好像正在一页一页揭开宇宙的神秘，我就觉得他的眼睛真带了一些银灰色。他的眼睛又有点像希腊雕像那两片光滑的，仿佛含有无穷情调的眼睛，我所说银灰色的感觉也就是这个意思罢。他好像时时刻刻都在惊奇着。人世的悲欢，自然的美景，以及日常的琐事，他都觉得是那么有兴致，就是说出悲哀的话时，也不是垂头丧气，厌倦于一切了，却是发现了一朵“恶习之华”，在那儿惊奇着。

三年前，在上海的时候，有一天晚上，他拿着一根纸烟向一位朋友点燃的纸烟取火，他说道：“kissing the fire”这句话真可以代表他对于人生的态度。人世的经验好比是一团火，许多人都是敬鬼神而远之。隔江观火，拿出冷酷的心境去估量一切，不敢投身到轰轰烈烈的火焰里去，因此过个暗淡的生活，简直没有一点的光辉，数十年的光阴就在计算怎么样才会不上当里面消逝去了，结果上了个大当。他却肯亲自吻着这团生龙活虎般的烈火，火光一照，化腐臭为神奇，遍地开满了春花，难怪他天天惊异着，难怪他的眼睛跟希腊雕像的眼睛相似，希腊人的生活就是像他这样吻着人生的火，歌唱出人生的神奇。这一回在半空中他对于人世的火焰作最后的一吻了。”

这篇短文叫做《kissing the fire》。吻火？这种奇诡的想象也就是徐大才子才能描绘得出吧！火焰是灼烈的，而世间往往是冷酷的。人人都向往红日的光明，向往火光的温暖，而当自己的肉身与炽烈的火焰交融的瞬间，我们感到的却不是解脱与欢愉，而是彻骨的伤，是钻心的痛！而诗人却在这里感受到了人间的莫大幸福——宁可自己被烈火灼烧，即使肉骨化为尘烟，也不想向这个冷冰冰的世界屈服。

林徽因曾满怀深情地说：“信仰只一细炷香，那点子亮再经不起西风，沙沙地隔着梧桐树吹。”志摩有着与众人不同的信仰，他既积极融入了那个风起云涌的时代，却又与各家论战争斗保持了一定的距离。在《猛虎集自序》中，他曾点明了自己的“单纯信仰”：爱，自由与美。然而，在现实生活中，这些带有强烈idealism色彩的信仰往往是要饱受伤害的。志摩以一种诗歌式的死亡方式离开，本身就充满了诗性上的哲理意味。

诗人之死，是一个亘古常新的文学话题。拜伦葬身血腥沙场，普希金殒命枪口，海子魂归山海关，顾城命悬激流岛……同时，能够翱翔于蓝天是人类自孕诞以来最宏大而浪漫的想象之一，飞翔的意象当然不会被最富于想象力的诗人们忽略。自古中外多少才子笔下都寄予着“魂魄飞升”“腾云化尘”一类的想象，可又有所少人能实现这曼妙的理想呢？综观中外文坛，只有法国作家兼飞行员圣埃克絮佩里和徐志摩最终魂归苍天。前者是成人童话《小王子》的作者，在二战中执行任务时不知所终，在我看来，对于这样一个心中厌恶地球世俗的纯良之人，他或许是去寻找心中的“小王子”了吧。而志摩呢？分明也是个孩子，在经受人间世事后，单纯的信仰无法抵御现实世界的摧毁，在一片“云游”的欢乐中化作一股烟尘，杳无踪迹。

今人之所以津津乐道于志摩，除了其诗歌创作本身，更是出于他和张幼仪、林徽因、陆小曼等人复杂的恋爱关系的兴趣。没有这三位女性，或许就不会产生那些美丽而忧伤的文字，至少不会有《爱眉小札》这样的缱绻情语。他曾在《我所知道的康桥》里写道：“我这一生的周折，大都寻得出感情的线索。”而除了恋爱之苦乐带给诗人的创作灵感与素材外，在英国剑桥读书的美好时光或许也是他重要的创作源泉。

“轻轻地我走了，正如我轻轻地来。”贵族市民出身的志摩与康桥贵族化的英国文化融洽地相互交汇。很多人或许不知，志摩最初是抱着学习政治学的目的去四海求学的，以通过民主政治的方式拯救危难的中华民族。但在康桥，浓郁的文艺氛围激发了他内心的理想主义和浪漫主义潜质，他讲大量的注意力放在济慈、华兹华斯、卜雷克，雪莱、拜伦、哈代、曼殊菲尔等浪漫派作家身上，浸淫在神秘恬淡的唯美世界中。

而从康桥回国后，正值战火横飞的民国十一年。“五四”落潮后的中国陷入了新的“彷徨”中，黑暗而动荡的社会令带着贵族气的诗人感到极度的不适。他在康桥所信仰的那些唯美主义和理想主义在没有半点贵族气的苦难中国碰了壁，行不通。在《落叶》里，志摩痛苦地说过：“我们的自身是我们命运的原因！”

很多人或许会以为，这个表面“小资”的诗人在乱世中会寻求一处安逸的桃源来享受自我的 “闲适主义”，但在事实上，他却和鲁迅一样，深入探求民族苦难之根，并将民族文化自身的劣根性归为罪孽之源。只是，鲁迅是一位冷静的哲人，追求着时间的“真”；志摩是一位诗人，热恋着人类的“善”，他们通过对“美”的共同追求而有着相似的文学思想。然而，在面对复杂的社会现实和深沉的文化背景时，志摩无心也无力去擦洗肮脏腐尸上的污秽，而是仅仅执着于自己一直未变的信仰：爱，自由与美。

拥有某种信仰的人，或许是幸福的。而拥有信仰的背后，可能潜在的是曾经对世事苦痛的感受和历尽沧桑的无奈。但志摩与此不同，他的信仰似乎与生俱来，简单而又澄澈。他的信仰没有复杂的学说，却蕴含着最为崇高的思想与终极的关怀。

最伟大的信仰往往是最简单的信仰。志摩并非将一切事物都简单化，只是他懂得如何通过这些信仰来瓦解黑暗与痛苦。志摩的“美善”信仰是五四一代文人的文论中最为直观的，亦是最为坚定的。他很清楚理性只能使他更加痛苦，故而干脆用这the most simple faith去抵抗来自外界事物对心灵的压抑与冲击。

志摩曾经提出一个很响亮的口号：“Everlasting yea, Everlasting yea！”在面对宿命之时，他在呐喊“我是一个生命的信徒”。志摩的信仰不是政治革命观，而是心灵救赎论，这在当时革命热血激荡的伟大时代里显得极具个性。同样作为浪漫主义作家，他不像早期狂飙突进的郭沫若，也不想后来颓废没落的小文人王独清，他既有普罗米修斯式的浪漫主义情结，又离不开古典乳汁里温暖祥和的浪漫文心的浸润。

志摩始终是孤独的，尽管他有像郁达夫这样惺惺相惜的好友，有着无法释然的多边恋情，但他在精神上，始终是孤独的。即使有人真正的理解他，他却无法完全理解别人。比如林徽因，很可能是最懂志摩的一位女性，但志摩只不过在她身上感受到了诗歌之源，无法真正去懂得兼具感性和理性的林小姐。而人间的关怀应当是相互的，在诗人心中，往往自我就是全部的世界，他无法体会到两个世界真正融为一体的感受，即使他体会到了，那也不过是偏执的错觉。

在幽波荡漾的康河边上，心中也幽波荡漾的徐志摩邂逅了林徽因。在优美静谧的夜色中，两人漫步在和风细柳之间，在星辉的柔波中诉说着灵魂的故事。

确然，诗歌永远只属于我们那浪漫而纯真的十七岁。当青春成为飘散而过的烟尘，这场浪漫的绝尘大梦也必然要被惊醒。恋爱中最美丽的莫过于初恋，初恋太晚，或许就真的失去了那种澄澈而静穆的美感了吧。林徽因是幸运的，她在最需要浪漫的歌声满足心灵想象之时，邂逅了世间最风流潇洒的诗人，在人生逆旅的漂泊岁月中能与梁思成这样德行修养丰厚的翩翩学士水乳交融，一直到白头偕老。而志摩却是不幸的，他的一生都是孤独而漂泊的，他的灵魂犹如几株忧伤的绿草，点缀在众多芳香花木的周围，却始终与任何人不曾像星月般相互守护，浴风颉颃。

再别康桥。志摩的康桥，始终是一尘不染而纯粹宁静的。但自从他离开了康桥，回到了满目疮痍的祖国，他再也感受不到贵族气带给他的自豪感和恬静心情。他的内心在不断挣扎，“我不知道风往哪个方向吹”，他的命运也像一颗脆弱的苇草，在战火激荡的岁月里随风飘摇。但我相信志摩并不后悔回到祖国的选择，对于一个心中存有大爱、大美的浪漫诗人，对于一个曾经有着参政报国的理想主义者，他的选择并没有错。

诗人不可能永远在伊甸园中享受无限的生命之光，那只会让他们在自我的幻想中逐渐消亡。自从失乐园诞生的那一天起，诗人才真正地成为了诗人。志摩正是这样一个被逐出伊甸园的天使，在人间历尽精神感伤和欢愉之后，在那个雾蒙蒙的午后，随着一声剧烈的爆炸声，重回天国，继续着心灵的咏叹调，永无止歇……

一掠颜色飞上了树。
“看，一只黄鹂！”有人说。
翘着尾尖，它不作声，
艳异照亮了浓密——
象是春光，火焰，象是热情。
等候它唱，我们静着望，
怕惊了它。但它一展翅，
冲破浓密，化一朵彩云；
它飞了，不见了，没了——
象是春光，火焰，象是热情

——徐志摩《云游·黄鹂》

# 从阿城成名作《棋王》看知青－寻根文学转向

原载1984年第7期《上海文学》的《棋王》，在寻根思潮兴起后被追认为“寻根”之经典作品。放在一个更加漫长的历史时间上看，《棋王》很有可能是中国80年代文学史上最重要的作品。《棋王》最大的意义在于通过一种生活的哲学与叙述语言彻底颠覆了毛泽东于1942年以来建立起来的意识形态话语体系，并通过之后的“寻根宣言”建立起一套全新的文坛话语体系。这种话语的颠覆主要体现在三点：其一，在文坛成员的构成上，1984年后“知青作家”基本取代革命文学年代的“老作家”成为主流（王蒙是个例外），并且描绘了未来中国文学走向个人化的大致图谱；其二，在叙述语言上，以沉静舒缓的语调和朴实精炼的文字实现了对之前政治写作语言的突破；其三，“风景”真正从外在意象变成作家心中的内在体验，并且融入文字内外的生活中。

日本思想家柄谷行人在《日本现代文学的起源》中从“内面”与“现代的自我”来分析现代文学起源问题，他从弗洛伊德学说得到启示，提出现代“言文一致”制度的出现，即“内部”（进而作为外界的外界）的存在始于“抽象的思考语言被创造出来之后”这一思考。“抽象的思考语言”在柄谷行人的定义中即“言文一致”，这是明治20年前后现代诸种制度的确立在语言层面的表现。作为一种制度的语言规范一旦建立，就会出现新形态的文学——在中国80年代的文学场上讨论这个问题，并不存在明显的语言规范问题，但也有明显的“宏大叙事”政治化语言与“纯文学”个人化语言的分歧。80年代前期的“伤痕”叙述还带有明显的政治语体色彩，但80年代后期已进入个人化写作。这个过程中有过渡意义的就是阿城的《棋王》（宏大背景+生活小视角）——考察这个经典文本，就是考察当时的知青作家如何成为新时期文坛主体的过程。

这个过程在我的分析中是通过“风景”这一装置的发现、内化而展开的，如果我们看不到“风景”本身的制度性、历史性，也就无法明了“风景”所造成的认识装置于我们自身的起源。在1985年前后的当代文坛上，出现了一次“新时期文学”形态的起源——目前学界大多认为1978年改革开放后便是“新时期文学”的到来，但在我看来，“新”应该体现在作家的叙述语调上，而非文本主题那么简单。在这个意义上讲，《棋王》对于“新时期文学”形态的塑造起到了了不可小视的作用。因之，《棋王》中“风景”认同与叙述语言的复杂关系，在整个文本意义的建构过程值得细细品味。

《棋王》的开头可以说堪与《百年孤独》的精彩开头媲美，叙述语言之高超令人叫绝。“车站是乱得不能再乱，成千上万的人都在说话。谁也不去注意那条临时挂起来的大红布标语。这标语大约挂了不少次，字纸都折得有些坏。喇叭里放着一首又一首的语录歌儿，唱得大家心更慌。”

虽然只有两句简单的概括，但“文革”的大背景通过混乱的车站、红布标语、喇叭里的语录歌等意象展现出来，具有明显的镜头感。对于“文革”这一宏大事件的叙述，《棋王》采用了一个非常生活化的角度切入：“下棋”与“吃”。很多人便因此认定《棋王》中有明显的道家思想，抑或儒家思想，但在我看来，在某种意义上讲，这算是过度阐释了。在一个缺乏个人小叙事的“文革”年代中，任何生活化的书写都会被指控为“不革命”，而《棋王》之价值恰恰在于真正亮出了文学最应该关注的本质问题：生活。阿城似乎无意成为什么伟大作家，作为一个纯粹的文化人，他更多地关注人生、关注生活，这种世俗情怀与生活观照即使在那个风云变幻的八十年代里也显得难能可贵。

在知青小说的角度上看，《棋王》中从“知青”向“寻根”的转移痕迹并非不明显。在这里引用贺桂梅的说法，“知青一代在如何被纳入新时期社会秩序这一问题上存在的主体认同困境：作为曾经的革命接班人，他们有着强烈的主体意识使他们无法在主流秩序中获得相应的主体位置，返城后的生活加剧了他们为知青历史经验寻找一种合法表述的迫切需要。因而，寻根成为一次打破也是重建主体的象征行为。”

在文本中，这种叙事的姿态伴随着“我”对王一生的态度的转变而转变。在一开始，“我”质疑王一生面对知青离别场景的无动于衷，王一生却说：“你哪儿知道我们这些人是怎么回事呢？你们这些人过好日子过惯了，世上不明白的事情多着呢！”在后面的交往中，“我”的“文艺腔”与王一生“吃饱便是福”的人生信条产生了冲突，“我”甚至还要给王一生讲述《热爱生命》里的深奥哲学。但在几轮象棋大赛后，“我”逐渐认同了王一生的“吃的哲学”。这个转变是非常值得分析的——与张承志、梁晓声等强调“理想万岁”“青春无悔”的知青作家不同，阿城对这种宏大叙事似乎毫无兴趣。如果说“我”在文本开始还是一个以“革命小将”自居的理想主义青年，到了后面也成了一个“生活主义”者。

也即，阿城用日常生活消解了革命话语，用世俗体悟代替了英雄主义的苦难叙述。这个转变在当时来看是令人震惊的，以至于《棋王》起初并不为一般杂志接受，幸好李陀发现了这篇奇文，才使阿城由此名扬文坛。与叙述姿态的转变相仿，小说的叙述语言沉静老练，褪去了所有的激情与浪漫，虽然没有华丽的文字，但在朴实的文字间依然让人感到阿城的才华。在某种意义上讲，与阿城相比，张承志的文笔就偏于拖沓甚至矫情了，当然，这是由二人的不同叙述立场决定的，或者说是由知青体验的不同心理结构造成的。

对于“风景”的书写在《棋王》中基本处于隐匿状态，但我们依然能够感受到“风景”的存在。也就说，《棋王》对“风景”的书写并不是直接感发的，而是内化到人心中、具象到文化中的。在文本中，最值得探讨的就是“象棋”这个物象。小说中出现了三种“棋”：一是王一生母亲为儿子做的无字棋，二是“高脚卵”家的乌木象棋，三是王一生最拿手的“盲棋”。有趣的是，使王一生成为“棋王”的并不是象征传统文化的无字棋，而是“盲棋”。在“文革”的动荡年代，家庭文化（血缘关系）受到了革命话语（阶级关系）的破坏，母亲留给王一生的无字棋的价值并没有在最后的“九局大战”中得到发挥，被大肆渲染的“盲棋”给王一生增添了些许传奇色彩。

在小说中，对“盲棋”大战的描述近乎于神话——“王一生孤身一人坐在大屋子中央，瞪眼看着我们，双手支在膝上，铁铸一个细树桩，似无所见，似无所闻。高高的一盏电灯，暗暗地照在他脸上，眼睛深陷进去，黑黑的似俯视大千世界，茫茫宇宙。那生命像聚在一头乱发中，久久不散，又慢慢弥漫开来，灼得人脸热。众人都呆了，都不说话。”在象棋的技法上，下“盲棋”的难度我们并不确知，但从这段文字的叙述上，可见王一生已经进入一个幽玄奥妙的精神世界中，象棋文化在这里被叙述成一种勾连天下大势的神奇事物。与外在的“文革”的混乱场景相比，象棋世界与政治世界构成了两个对立而又融合的维度，用文本中王一生的话就是“他们下大棋，我们下小棋“。就这样，知青小说第一次将“文化”这一概念从政治话语中解脱出来。

值得注意的是，在这个话语的转移过程中，“风景之内化”扮演了非常重要的角色。在与之同期的出现的张承志《北方的河》等寻根小说中，“风景”作为一种精神主体对象化的存在，在语言叙述上依然以奔放而抒情的浪漫语调而呈现。

但《棋王》将自然风景内化成一种文化物象，“风景”看似隐匿但实际上并未消失。细细品读《棋王》的叙述节奏，可以感受到一种沉静舒缓的气息。即使在结局中那场扣人心弦的“九局大战”中，阿城的叙述依然是不急不慢、娓娓道来的。“高高的电灯”“暗暗的光线”“黑黑的眼窝”“茫茫的宇宙”等意象在开头“红旗招扬”“人声鼎沸”的“文革”宏大场面之中，显得分外平静——王一生的“棋王”生活，仿佛是狂暴的红色台风中心那个永远都不会摇摆的“台风眼”。

拒斥了激情浪漫的阿城，并非没有审美的意象，他在《棋王》中提供的美学意象是深深植入一种文化思考的，而不是浮于表面的抒情。根据柄谷行人的说法，“风景的可视导致写实主义的产生，写实主义产生于浪漫派式的颠倒之中，现代文学中的写实主义很明显是在风景中确立起来的。”那么，文学创作的主体和对象一旦分离，“风景”便不再直接表现，而是内化成一种对文化的自觉心理，而在《棋王》中，“文化”已经褪去了所有的抒情色彩，而是表现出一种对知识的考察。在《八十年代访谈录》的叙述中，阿城本人也指出：“寻不寻根，不是重要的，重要的就是改变你的知识结构。”知识结构”一经改变，主体的立场便会随之而改变，从“十七年”时期的政治想象中走出来的“寻根”立场，多被后人贴上了“民族文化”的标签。而这所谓的“文化”，在文学场域中表现为话语权的更替。

# 浪漫主义西潮东来

提起“浪漫主义”一词，想必多数人的思绪会联想到古典诗韵里“杨柳岸，晓风残月”的脉脉柔情，绵延出“众里寻他千百度”的款款风流，继而思绪游空漫走，忽而有“今宵剩把银釭照，犹恐相逢是梦中”的悄然情思，忽有而“愿我如星君如月，夜夜流光相皎洁”的幽冥幻想。或有见识广博、情思敏捷的人，能将视野扩展到更广阔的文学世界中，进而可联想到英国抒情天才雪莱“Let’s make predictions horn! Autumn wind, if winter comes, can spring be far behind”的浪漫慨叹，而与之相连的西方浪漫派之拜伦、华兹华斯、布莱克、柯勒律治、济慈等人似乎也在我们的视域之内。然而，更有开阔视野的人将会把次定义扩大到更加宽广的知识范围内，比如西洋美术史上的浪漫主义大师德拉克洛瓦，音乐史中的舒伯特、李斯特，皆属于“浪漫主义”义理范畴之内。想到这里，面对众多的文学和艺术杰作，面对“各领风骚”的文艺大师们，我们又将如何给“浪漫主义”下明确定义呢？

这显然是个非常棘手的问题。在往往给某事物下定义时，比较省事而且快捷的方法是从词源学的角度对其进行释义，进而做出详细的分析。而这一思路在这里并不那么管用了。众所周知romance作为拉丁语方言中罗曼语的写法，是后世romanticism的词源。其原来的意思大概是说romance在文学中则表现为用罗曼语写成的传奇和诗歌，但这些东西大多属于遥不可考的文学蒙昧期，钻研难度极大，再加上后人对词义“层层累加式”的多重解释，更是让“浪漫主义”的真面目愈发扑朔迷离。既然于此以“描摹面孔“为主要目的，我也不打算对其做费力不讨好的本义研讨。毕竟，作为受各种文学思潮洗礼后的今人，我们早已迷失在romantic的“庐山真面目”的圈里圈外了。那么，从今天的角度去诠释“浪漫主义”的前世今生，似乎并非不是一件事半功倍的妙事。

在西方，作为一种文学思潮，浪漫主义文学的生发是对古典主义的反叛，正如中国的五四新文化运动是对旧传统的反叛一样，在当时的社会中着实是一件令人震撼而影响深远的重大文化变革。

按照以赛亚·伯林的说法，在十八世纪后期，原本崇尚雅致与冥想的西欧被一种莫名的冲动所席卷，这一奇妙而无法遏制的感觉从英伦三岛蔓延到法兰西，从文人学者的书斋庭院里扩张到人声鼎沸的市民广场，直到热血的巴黎人在巴士底狱废墟上欢腾起舞，路易十六那曾经象征着高贵与典雅的头颅被砍落，大多人才意识到自己所处的时代正在发生一场剧变。

这一剧变，表面上以法国大革命等热血事件来呈现，但深层中却影响而改造着每一个人。尤为明显的是，在十八世纪中后期的文学中，作家们开始对某种使命性的进步理想变得狂热起来，他们将正义、公平、爱与光明等理想主义气质浓烈的东西痴迷继而发狂，甚至可以为内心强大的理想而牺牲生命。如此时的作品，雨果笔下便有有强烈idealism形象的加西莫多、爱丝美拉达。即使是被后人评价有现实主义色彩的《悲惨世界》等反应惨淡现实的作品，也无不带有宏大的博爱追求与救赎精神。而这一切，都可以归纳为整个时代里愈演愈烈的浪漫主义思潮。显然，浪漫派文学只是一段文学思潮而已，但“浪漫主义”作为整个社会的精神气质，无疑是一种令今人慨叹而无从理解的“精神状态”。与其说当时的人们患上的精神狂想病，不如说此实为时代发展之必须。经典之后是解构，过度理性之后变得浪漫癫狂，这也符合“否定之否定”的社会发展大势。

话说回来，这样用回顾历史的眼光来解释浪漫主义文学的生发，毕竟也不是最直观的方法，那就要尝试回到历史真相的现场，且看时人如何看到这个问题。文学大师歌德认为，浪漫主义是一种疾病，是狂野诗人不健康的口号。歌德作为古典主义的守夜人，他自不会对这热血浓烈的思潮有所好感。但诗人海涅可不这么认为，他曾用无比曼妙的笔触浪漫主义文学带给他的心灵震撼："这是从基督的鲜血中萌发出来的精神之花，是梦游的中世纪的苏醒，是梦中的塔尖，用露齿一笑的幽灵那种悲戚的目光注视着你。"（《浪漫派》）

诗人的灵感和文思自然是极具天赋的，而这恰好可以诠释本身就带有精神超越性的浪漫主义文学精神。这种精神带有青春的强力与热望，带有新生的混沌与斑斓，它是狮身人面像上奇诡神秘的人光影之舞，它是中世纪城堡内幽暗而凄怨的灵性独语。它从诺亚方舟下汹涌起伏的怒浪中涌出，从万仞之高的伊甸园里坠下，它是纨绔子弟唐璜的翩翩衣袖，是终极决斗时普希金大脑中迸发出的雄性荷尔蒙，它曾藏在罗伯斯庇尔那雕满金纹的剑鞘里，穿梭过湖畔派的逍遥，在爱伦·坡的寂寥荒原上抹下撒旦黑色的血液……若照这样描述下去，恐怕无人不会变得疯狂了。于是，崇尚"酒神精神"的尼采终于发话了："浪漫主义不是疾病，而是药方，用来治愈疾病。"当然，我们的大哲尼采最后也变成了个疯子，但确实是个能看得清事物本质的"疯子"。想必他也认为，浪漫主义文学实际上对人类精神升华的作用更大，更能表现世人的精神面貌，进而引导人们从内心变得强大，将精神意志力量提升到更加超越的境界。

尼采的讲法也只是个引子，其根本旨意恐怕不是让人们怀疑romanticism的真正价值。这一论调的意义并不只是树立了精神力量之伟大，更重要的是，"浪漫主义"作为在反叛理性和启蒙之后的新思潮，重新明确了理想之必须。也就是说，理想并非如启蒙家们所说是被世人发现的，而是人类要进步而自觉发明的，理想和文学艺术一样，并非什么天赋和重现发现，而是从内心精神中创造而发生的。回想过去，在那个有着“高贵的单纯与静穆的伟大”（温克尔曼论古希腊时所说）的人类童年期，人无须区分激情与理性，这是多么令人怀念的“纯真年代”啊！但正如个体的人总不能永远躺在安逸舒适的摇篮里一样，人类还是告别了“童年期”（西方为古希腊时期，中国则为上古三代，或最多下限到战国），穿越中世纪的黑暗丛林，来到了光明与黑暗同在的近代社会。自然，我们是回不去的，所以当时的人们发明了一种理想，好似寻觅旧梦般地触动了文艺复兴的历史命脉，这其实也是一种浪漫主义，我们似乎可以将其视为一种思乡情结的作用（和中国八十年代“寻根热”情形相似）。只是作为一种历史定义，我们不这么称呼十六世纪罢了。而在启蒙之后，浪漫派将狂热的精神力量和动荡不安的社会现实联系起来，生成了更多理想主义色彩浓厚的文学和艺术作品，好似患上了精神狂想症，看似为宏达的理想，实为不切实际的幻想。

在这两次文学运动（文艺复兴和浪漫派文学）中，人们经历了精神的洗礼，尤其是后启蒙时代的浪漫派文学时期，思乡情结和狂想症的表现尤为明显。但有趣的是，到了十九世纪后期，在过度的内在精神作用和主观价值影响下，现代主义思潮浮出水面，很快便成为文学和艺术的主流，至二十世纪则蔚为大观。而在此时此刻遥远的东方，中国正在经历一场前所未有的文化剧变。从晚清开始大规模的“西学东渐”，到世纪转折点时已是颇具规模，风气正盛。

中国的浪漫主义文学在“五四”时狂飙突起，但其早有古典式浪漫文学作为精神积淀，而其现代化的开端也早在清末民初已然突显。众所周知，拜伦雪莱等浪漫派诗人对中国现代文学中的浪漫思潮和反叛精神影响极大，而最早将他们翻译进国内的则是中国现代浪漫派的“老前辈”苏曼殊。

苏曼殊可谓是个非常另类的和尚。这位连自己血统和生母都搞不清的僧人，不仅不避“食色”之事，还对革命等“尘外之物”颇为痴迷。当然，他最热衷的还是诗文创作。且不说他那“海天龙战血玄黄，披发长歌览大荒”的豪情，仅其“袈裟点点疑樱瓣，半是脂痕半泪痕”的缱绻柔情便胜似唐风宋雨的绵绵情思。品曼殊之诗，简直是晚唐幽风和Shelley的混合，而且是浑然天成的融合，并无晦涩古怪之感。

看来，这位披着袈裟来逃避世俗的和尚果真是个性情中人，无论是旧体诗文写作还是西洋文学翻译，苏曼殊都在坚守着内心的自由主义精神和理想主义气质。在各种文学和社会思潮异彩纷呈地涌动之时，“五四”一代的青年们大多受了前人的精神影响。在进入新世纪第二个十年后，天性浪漫的青年们在早已读过林译小说之后，许多人开始追溯苏曼殊的文学足迹。正如后来左联作家陶晶孙回忆说：“曼殊的文艺，跳了一个大的间隔，接上创造社罗曼主义运动。”

经过苏曼殊的推动，中国现代文学中的浪漫主义火种大面积地播撒开来。但正如前面所述，从西方传入的浪漫主义文学精神里，带有思乡情结和狂想气质两个看似有矛盾的特质。前者寄托思绪于古典纯美，后者立足未来的宏大想象。那么，当着两种特质与中国文学的传统碰撞时，又会产生怎样奇特而有趣的现象呢？

我细细想来，若不是在“五四”之时，浪漫作家们或许真的会将上古三代和诸子百家看成中国最美好的“童年期”（就像西方的古希腊）。遗憾的是，激进的新文化青年们出于对“孔家店”的极度仇视，将先秦思想多持批判或不理睬态度。因此，人们便不自觉地将“文化记忆”向后退去，从魏晋那文人自觉开始的时代到书生最爱的宋朝文明时期，似乎都是浪漫作家们文学想象的“黄金时代”。于是，思乡情结在“五四”时的中国，更大程度上成了传统文人情调的抒发和再现。从“情僧”苏曼殊到忧郁的郁达夫，从唯美的徐志摩到“摩登上海滩”的海派作家们，都没有摆脱这文人式的“美丽与哀愁”。而与之不同的是，在后来崇尚“革命加恋爱”的左翼先锋作家们，却不太喜欢这种“爱来爱去”与“维特式烦恼”的小情调，他们将眼光寄托在未来社会，用宏大的浪漫想象去描述和理解那个令他们激情澎湃的未来共产社会。不可否认的是，这种似乎境界更加宏阔的“浪漫主义”构成了现代浪漫主义文学的另一方面。而这种形式的“浪漫主义”实际上与西方浪漫式狂想症相对接。综观来看，无论古典抒情的思乡情结还是宏大想象的狂想精神，在不同作家身上呈现方式的偏重不同，但都是每个作家都要面对和思考的根本问题。正如李欧梵先生曾一针见血地指出：“做普罗米修斯式的英雄，还是做维特式多愁善感的才子，这样的情感始终纠结在中国现代作家的浪漫派身上，无论是郁达夫、徐志摩，还是郭沫若、蒋光慈、萧军都没有摆脱这种情结。”（《浪漫主义传统》）

然而，浪漫主义文学毕竟是个时常令人“欲说还休”的话题，其问题之复杂性在现代中国文学中也丝毫没有减弱。为了思考和写作方便，我喜欢用“典型论”来概括某种复杂的事物现象，尽管常有以偏概全、鲁鱼亥豕的谬误，但出于对探究事物本源的急切心情，我就又要“不得已而为之”了。故要于现代文学史上谈浪漫主义作家，盖不过从林纾、苏曼殊谈起，经郁达夫等五四浪漫小说家到创造社的郭沫若之宏大气魄，从徐志摩等新月社的“英伦范儿”到海派新感觉主义的刘呐鸥、穆时英和施蛰存等人，经“革命加恋爱”的青春热血到京派清幽的小情调儿，最后到40年代后期浪漫派的徐訏、无名氏的融合与创造，便可粗略地勾勒出现代文学三十年的浪漫主义文学主体脉络了。

# 自我镜像里的文心

郁达夫有诗云："一夜秋风兰蕙折，残星孤馆梦无成。敢随杜甫憎时命，欲向田横放厥声。亦有宏才难致用，可怜浊水不曾清。明朝倘赴江头死，此意烦君告屈平。"透过清幽冷寂的文字，触摸着散发出孤苦寒气的零落诗心，若将此诗置于《全唐诗》中，恐怕会有人把它当作李商隐的作品吧。而其虽有晚唐遗风却实为现代人所作。

从李商隐到郁达夫，中国的浪漫主义文学之海的上空多数时候笼罩着一层阴柔的迷雾。笼雾气起时，海浪间水花浮腾，无限柔情在浪底隐隐越过；雾气散去时，也多是孤月镂空，苍穹风郁，随之便引来片片愁云，即刻化作多愁善感的才子才女，长若"佳期如梦"，如有风情万种，也终不过恰似"万点飞红"，共同幻化成古典诗韵里的浪漫审美幻象罢了。

李商隐所在的时代和郁达夫的所在时代都是一个帝国的黄昏，一个动荡不安的乱世，共有一颗对艰难时事敏感的心灵。但相比之下，郁达夫是幸运的，但却又是更加不幸的。幸运的是，郁达夫可以在西风东渐的大潮中窥得一丝未来新世界的宏大幻境，得以在欧风美雨的熏染中获得一处灵魂的希冀与安生。然而，当他最终发现这一切不过是一场虚妄的大梦，当他明白自己身处民族国家苦难和个人生存艰辛的双面夹击时，一种莫大而莫名的恐惧感和孤独感令他窒息。这个荒谬世界留给郁达夫的，只是一场"镜中花"式的浪漫想象和从青春时期形成便无从消除的强烈苦闷感。

郁达夫是以“忧郁的零余者”形象出现在中国文学史上，这种挥之不去的自我哀怜情绪基本贯穿了他大部分的创作时光。所以，很多人将郁达夫视为一个总是忧郁孤独的传统意义上的穷酸文人，在我看来，这实在是委屈这颗敏感而脆弱的心灵了。

一颗有着丰富精神生活的心灵之所以会变得忧郁而苦闷，不过是因为曾经的愿景在冷峻的现实面前幻化成一吹即散的情感泡沫。当郁达夫从中国漂洋到在他心中充满各种古典幻象和现代遐想的本州岛，这个国家很快便令他感到一丝郁闷之情。当一个内心充满雄心的青年人在陌生的国度找不到生活的方向，反而要时刻面对各种青春禁忌的诱惑，当内心的道德律令与压抑的生存环境发生激烈的冲突，在内心自卑感和落寞感的作用下，他真的“苦闷”了，这种心理阴影如同黏在皮肤上的湿漉雨水，擦拭不掉，风干不成，而且“苦闷”得无法自拔，无从超脱。

孤身一人的郁达夫不得不通过文学来排解内心的忧郁与寂寞。郁达夫曾说过：“文学作品，都是作家的自叙传。”文学创作对于释放心灵能量的作用恐怕是大多数作家都承认的，正如德里达曾一针见血的说过：“写作就是撤退。”郁达夫通过文艺创作来使自己获得解脱和拯救，故在实际创作中，他不得不将自己的影子投射到笔下的人物形象上。

在郁达夫堪称为“自叙体小说”的《沉沦》中，留学日本的“他”年轻孤高，但早熟的性情把他挤到与世人绝不相容的寂寞境地中。“他”意料之外情理之中地被肉体诱惑着，到了压抑得让人可笑又心寒的地步了。两个日本女学生打身边走过久远，他还在孜孜不倦地回味那逸动而流转的眼波。于是，自渎而自责，窥淫而自悔，“他”陷入了生理和心理双重的矛盾冲突中。作为一部绝对一流的经典文案，郁达夫的《沉沦》表达了一种无从排解的苦闷情绪，但这绝非是简单的性欲苦闷，用他自己的话来说，小说骨子里渗透着“Weltschmerz”（世界之苦）。在他的《艺术与国家》一文中曾写道：“艺术对于我们所以这样重要者，也只因为我们可以常常得到美的陶醉，可以一时救我们出世间Weltschmerz，而入于涅槃Nirvana之境，可以使我们得享乐我们的生活。”在这里，郁达夫将内心对心灵苦闷的理解和盘托出，但似乎在言外之意上虚晃一枪，欲言又止。显然，作为文学家的他，虽在创作中不避讳心灵的独语和对扭曲心理的揭露，但他对内心阴暗的疯狂欲望也是深恶痛绝的。因其真诚，所以揭露；因其自省，所以羞悔。无疑，他强烈地希望能从性压抑和生存压抑中解脱出来。按照弗洛伊德的观点，“文学是性欲的升华。”

于是，郁达夫将人之基本欲望拔高到艺术美学的境界，并将源自自己肉欲苦闷与民族苦难相结合，是个人苦闷感觉上升到对普罗大众命运关怀的“世界之苦”的境界，非常巧妙地完成了青春荷尔蒙的文学性转化。然而，一旦离开文学创作的“现场”，这种“转化”这也不过是郁达夫对生活的一厢情愿罢了。作为一个有着强烈自我意识的现代人，郁达夫无法做到将自己与这个光怪陆离的现代社会隔离。于是，他终究还是苦闷下去了，至于“涅槃之境”，只是文学天才灵感涌现的刹那，或许才会有所感悟吧。即使是浪漫主义作家，他也不可能终其一生时时刻刻由激情荷尔蒙引发冲动，正如月华落满情欲之海，曾经狂躁的汹涌大潮，在潮水从空中降下雄阔的帷幕之时，他的生命力终将走向枯竭。

“祖国呀祖国！我的死是你害我的！”“你快富起来，强起来把！”“你还有许多儿女在那里受苦呢！”这是《沉沦》中的主人公在沉入茫茫大海前发出的最后呐喊声。正如郁达夫本人，他爱生活，就轻吻大地，对弱者投以怜悯，惺惺相惜；他恨生活，就怒吼苍穹，对社会无情鞭挞，爱憎分明。在尼采的文艺观中，狄奥尼索斯象征的“酒神精神”是文学创作产生和升华的重要心灵方式，人可因激愤而执着，因迷狂而专一。但在扶桑之地的郁达夫，只能通过文艺的形式“借酒消愁”，在中庸平和的东方世界里，他没能在“酒神精神”中走向超越，而是愈发努力，却愈发颓唐，在迷乱动荡的短暂生命的最后，在苏门答腊岛那阴郁而炽烈的热带国家上空化作一缕轻魂，虚然飘渺，杳然无迹。

浪漫主义有两种，一种是热辣奔放的英雄主义精神，另一种是才子佳人式的古典柔情。显然，郁达夫骨子里的浪漫主义始终脱不开中国古典诗词里的审美幻象的影响。再加上在日本留学期间受到日本文学中“物哀”情结的熏染，他心中的愁苦果真是浓得化不开了，只好漂浮在新文学斑斓壮阔的画卷上空，氤氲在无从解脱的伤感情绪里。

无论是作为青春感伤的“零余者”，还是作为“主情主义”的开拓者，郁达夫始终是孤独的。因为孤独，所以哀伤；因为哀伤，所以迷茫。郁达夫的生命历程，从来没有找到属于自己的坚定信仰，从未为了某种价值信仰而竭力追寻。他不像徐志摩，虽然同为古典式浪漫主义者，但志摩在康桥读书时依然怀着以政治学知识来治国平天下的士人之梦，其高贵典雅的“英伦范儿”远远比终日纠结烦闷的“日本物哀”情绪更显得潇洒。他更不似郭沫若，虽然他们同为创造社成员，但站在时代前沿唱出“摩罗诗人”之歌的郭沫若的艺术视野与境界远远高于郁达夫的“春愁”和“微音”。然而，文学创作“向内转”的郁达夫却在自己的不幸中留给后世一种全新的艺术风格：如果我们不能捕捉时代的脉动，便可以回归自己内心丰富而单纯的精神生活。只要文学和艺术不被这个社会抛弃，我们就可以在文学这面镜子里照应出个体与社会的清澈与污浊。

# 翡冷翠与佛罗伦萨

从近代的严复之时起，外语翻译便着重强调“信、达、雅”，而在实际情况中，并非每个译名都如“苏丹”（Sudan）、“伦敦”（London）那么规范整饬，其个中情况，时而文雅而典致，时而平俗而紊乱，甚至还有不少令人捧腹的翻译，共同构成了无比曼妙而生趣的杂色地图世界。

且说这个“雅”名，并非每个地名都能堪当此称号。但你可别说，还真有些译名如古典文学里的唐诗宋词般典丽，若唯美艺术中琼楼玉宇般幻美，读来令人甘之如饴，满口生香。窃以为，译名中最为绝妙者当属意大利名城“翡冷翠”（Florence），从西欧文艺复兴的发祥地，到诗人徐志摩笔下的《翡冷翠的一夜》，多少风流潇洒，多少儒风雅气，全都浸润在这涟漪荡漾的碧波里，冰凝在这翠水欲滴的翡翠玉石中！更为可叹者，中间一个“冷”字，正可谓借用了形容词活用为动词的高级修辞，读来竟有“春风又绿江南岸”中“绿”字的动态之美！只可惜自徐大才子吟咏之后，国内学者便将其改译为“佛罗伦萨”，虽完全合乎翻译语法，但韵味尽失，美感全无，实在是一大败笔。

在我看来，现存译名中的“枫丹白露”（Fontainebleau）算是继承了“翡冷翠”的唯美路线。木讷的中国学者亏待了文艺范儿的意大利人，这次倒是给了浪漫多情的巴黎人一个面子。可为可观者，“香榭丽舍大街”（ChampsElysees Street）与“枫丹白露”

两处景致遥相呼应，实在绝美。众所周知的是，“香榭丽舍”是由“田园（Champs）”和“乐土（ Elysées，）”两词构成，故其中文译名又为“爱丽舍田园大道”或“香榭丽舍田园大道”。“爱丽舍（Elysées）”一词原指希腊神话中众神聚居之地，其名亦有文化渊源，并无国内一些“解放路”“世纪大道”“建设路”一样的地名，虽然带有革命和历史的痕迹，却令人读来无甚趣味。

除了上述地名，还有不少值得一提的绝妙翻译。比如：

越南北部省区“山萝”
柬埔寨古城“柏威夏”
柬埔寨中部小城“诗梳风”（这也是我曾经的网名，呵呵）
泰国小城“四色菊”
泰国西北小城“夜丰颂”
西班牙薰衣草之城“普罗旺斯”
美国西北城市“海伦娜”
希腊首都“雅典”
巴西亚马逊腹地重镇“玛瑙斯”
尼泊尔佛教圣城“蓝毗尼”
澳大利亚中部城市“爱丽丝斯普林斯”
南非司法首都“布隆方丹”
瑞典南部城市“林雪平”
印尼小城“万鸦老”

照这样说下去的吧，仅凭脑中印象，还可以拉出一个很长很长的名单。但说过了典雅唯美的翻译，就得谈谈那些相对“失败”的译名了。其中译名有的令人诙谐一笑，而有的就实在是难入耳目了。

我一直疑心在中国人在翻译外国地名时也带着“崇洋媚外”

和“贫富有别”的情节。大凡发达欧美国家地名都翻译的比较精准雅致，而落后的非洲和拉美地区的地名翻译时常令人不满。

比如“美利坚”“法兰西”“德意志”“苏格兰”等名读来琅琅上口，若直接翻译成“哦美瑞坎”“复蓝斯”“遮尔曼”“斯科兰德”又当如何？不过有些地方就这么好运了，比如拉美的“尼加拉瓜”“危地马拉”(危险之地么）、“特奥蒂万坎”“基里巴斯”“拿骚”（这巴哈马的首都大亮了）、“基多”，非洲的“塞舌尔”（我的舌头纠结了）、“乍得”“塔那那利佛”（读来很滑稽）。在亚洲，更有几个极品的名字，比如泰国有“差春骚”，日本有“我孙子”“奥尻岛”“利尻岛”“烧尻岛”，简直冲击语言想象之极限了。

当然，地名和人名一样，只是一个代号而已。好听也好，难听也罢，无论文雅抑或鄙俗，都不过是五彩地图上的一个符号而已。于此列出，只为博君一乐。

# 重读张承志《北方的河》

张承志于1985年创作的《北方的河》无疑是最经典的知青小说之一，小说中对风景的书写有着由自然感发向民族国家认同心理的过渡特点。在对于这一经典文本，评论家们从来没有吝啬过笔墨。

王蒙曾称其为“大地和青春的礼赞”，甚至激动地称赞道：“他如何找到了这样一个好的、我要说是非凡的题目，您羡慕的眼珠子都快燃烧起来了！”一向在文坛以沉稳老辣著称的王蒙居然也有如此激动之时，可见小说对其震撼之强。

但与一般评论不同，王蒙首先用“非凡的题目”来称赞作品，我们似乎可以一窥其中作家之间的共同体验。也就是说，《北方的河》在文坛上更有某种通约式的象征意味，其中的隐微内涵值得玩味。

“我相信，会有一个公正而深刻的认识来为我们总结的：那时，我们这一代独有的奋斗、思索、烙印和选择才会显露其意义。但那时我们也将为自己曾有的幼稚、错误和局限而后悔，更会感慨自己无法重新生活。这是一种深刻的悲观的基础。”

《北方的河》以这段强烈的情感呼告为开篇，仿佛拉开一场历史正剧的大幕。张承志在此处的姿态无疑是极其明显的——主动充当知青一代人的代言人——这使文本具有一种强烈的历史关照感，也具有了时代的典型意义。

作者在这段序言之后，又坚定的写道：“但是，对于一个幅员辽阔又历史悠久的国度来说，前途最终是光明的。因为在这个母体里会有一种血统，一种水土，一种创造的力量使活泼健壮的新生婴儿降生于世，病态软弱的呻吟将在他们的欢声叫喊中被淹没。从这种观点看，一切又应当是乐观的。”

在呼告时代情绪后，张承志从更加广阔的民族国家的视野出发，弘扬一种乐观姿态，以至于贯穿整个文本的都是这样一种奔放热烈的理想气质。这段经典的序言，叙述语气颇似杰姆逊笔下的“民族寓言”。

从这个角度看，《北方的河》首先提供给我们一个信息——民族国家的地理疆域在知青一代的叙述中成为一种历史文化的想象，这种想象通过对祖国江河风景的认同唤醒了新生命，青年人（中国人）终于从旧制度的桎梏中挣脱，新时期的现代性由此展开。

“他一直望着那条在下面闪闪发光的河。”小说开篇的语言干净利落。《北方的河》的第一节主要展现了主人公“他”在黄土高原的川岭沟壑间对未来的思索，大量而精致的风景书写使人眼花缭乱，奔腾的黄河、轰鸣的激流、苍茫的大地、红脸膛的陕北小伙儿等意象令人难忘。

值得注意的是，这段具有强烈的自叙传的叙述并不是用第一人称来进行的，而是用“他”来叙事，这在文学创作中非常罕见。无论是以“我”为主人公的《沉沦》，还是以觉慧、觉新为主人公的《家》，之前的自叙体小说极少出现以“他”为主体的第三人称叙述。

而在我看来，《北方的河》中自叙抒情精神与第三人称限制叙事间的吊诡关系恰恰是这部作品的巧妙之处。这样的设置使叙事主人公得以在无意识中的活动显得合乎情理，使“他”（知青一代的象征）更具备获得主体性的能动性。也就是说，“他”畅游中国五条大河的历程，无论是实地的地理考察，还是梦中的游历，都是源于最初对河流风景的先验想象。或者来自“他”通过考研时学习的知识，或者来自“他”的生活阅历，最终通过发现这些“风景”实现了对整个时代感的认同。

在《北方的河》的叙述中，黄河、无定河、湟水、永定河、追忆中的额尔齐斯河与梦中的黑龙江，作为文本中具体描写的五条河流，勾连起“他”知青生活的全貌。颇有意味的是，在地理上看，这五条“北方的河”从祖国西北边陲（额尔齐斯河）到东北界河（黑龙江），恰好包揽了中国地理的版图。在我看来，主人公能够游历诸条河流并获得一种整体的认知，是因为在过去的知青生活中，“他”已经获得了一种对祖国地理意象的先验认同，这种认同是通过对江河风景的发现而得到的。

通过对风景的认同，“他”作为一个生命个体，与中国的历史与地理发生了关系。主人公通过考研挖掘祖国灿烂历史的深刻性，同时，在他游历四方的过程中又对祖国地理与方言进行考察。

贯穿整个文本的在于，历史的叙述提供了时间上的认同，地理的叙述提供了空间上的认同，“他”就在时空交错中构建起属于知青一代人的心理结构——青年个体与民族国家的密切关系由此形成。但必须指出的是，与之前由意识形态国家机器赋予个体对宏大物象的认同不一样，“知青”——无论作为一代人还是一个文学概念——是发自内心地认同民族国家，这也就不难理解张承志在《北方的河》开篇那段激情昂扬的呼告，这种自信而含有对未来期寄的气势容易令人联想到胡风在《时间开始了》中对时代强烈的认同感。

也即，《北方的河》可以看成知青一代明确的代际分化意识——“一个旧世界已经结束，新时代需要由青年一代去开创！”“他想把红卫兵的旗子插到阿勒泰的冰峰上去”，“他挖空心思要打败老头”，“他想我一定要去闯考场”，这样的叙述语言在小说中并不少见。

柄谷行人在《日本现代文学起源》中借助康德对“美”与“崇高”的区别，认为日本现代文学脱离了古典汉文意境美的限制，在西方文学方式被引入后，“风景”成为一个客体，而面对波澜壮阔的北海道风光，“人”的主体性建立起来，在这个立场上“风景”才得以被发现与认同。

与此相仿的是，在《北方的河》中这部被誉为具有强烈文学美感的作品中，张承志彻底放弃了古典文学中“小桥流水”“悠悠扁舟”等意象，而是采用西方特有的意象——健硕的肌肉、奔腾的江河、坚固的铁船、燃烧的晚霞——与其说是美感打动了读者，不如说是英雄主义与理想主义的气质震撼了读者。“震撼”作为一种现代性的美学概念，在这里并非是本雅明笔下的高楼大厦，而是与中国传统文化同在的江河风光。也即，《北方的河》中的河流被赋予了传统与现代两种属性，从“风景之发现”到“风景之认同”的转变是在主人公“他”的叙述中进行的，张承志对此角色设置之精妙令人叫绝。

然而，文本叙述的巧妙之处不只体现在对主人公“他”的角色设置上，还在于对河流意象的描写上。小说的高潮处这样描写黑龙江寒冰融化的壮美场面——“一声低沉而喑哑的、撼人心弦的巨响慢慢地轰鸣起来。整个雪原、整个北方大地都呻吟着震颤着。迷蒙的冰河开冻了……他目瞪口呆地站着，手里紧握着那沓诗稿。这河苏醒啦，黑龙江正在舒展筋骨。他摸摸望着眼前这又可怖又迷人的大河，黑龙江解冻了，黑龙江就要开始飞腾啦。”

这段文字实际上是主人公的睡梦中想象的风景，却异常真实，并且带有强烈的抒情色彩。“啦”“着”等语气词让小说叙述语言变得灵巧飞动，但仍不失整体意境之大气。在这里，“他”面前的黑龙江已经不再是孤立的自然事物，而是一种对象化的自我。后面张承志又写道“他觉得自己的身体也和这桦皮舟一块儿化成了一个大浪。我要成熟了，他听见自己用波涛的语言说着，我就要成人了”，“他”终于从“北方的河”的怀抱里脱离出来，成为一个独立的生命体——“你让额尔齐斯为我开道，你让黄河托浮着我，你让黑龙江把我送向那辽阔的入海口，送向我人生的新的旅程。我感谢你，北方的河。”

主人公终于从当年那个望着江河读书的孩子成长为未来的新人，一个具有强力与自信的新生命即将登上历史的舞台。小说的结尾更加耐人回味——“窗口渐渐变得亮了起来，东方出现了晨曦。”颇为意味的是，海明威在《老人与海》中以“一头狮子出现在老人的梦中”的意象结尾，张承志的创作是否受其启发，我们并不得而知。

但可以确定的是，获得民族文化认同的“他”最终成熟了，知青一代终于从历史沉重的阴霾中走出，以“青春无悔”的姿态向现代化的伟大进程而致敬。这一概念的创立者巴赫金曾一针见血地指出：“成长叙事为民族国家的建立提供合法性喻证。”在《北方的河》中有个有趣的细节，面对浩瀚的江河，“他”喊出了心目中的五位英雄，“保尔·柯察金、马丁·路德·金、牛虻、切·格瓦拉——他不禁脸红了”，显然，文中没有点名的便是“他”自己。

热衷对“硬汉形象”的塑造，是张承志的一贯风格。而一个成长中的“硬汉”，是由历史出发、于实践中体悟而逐渐生成的，与其说这里透露出的是对英雄人物的赞叹，不如说是一种对新时期即将到来的信心，而知青一代将在这个巨变中扮演的正是格瓦拉式的“救世英雄”形象。《北方的河》提供了一种知青群体对现代性的探索精神，文本在很大程度上有着寓言式的特质，非常值得细细品读。

# 文学就是游入即将幻灭的梦境

我曾经做过许多的梦，正如在成长的途中看过许多的风景，正如在青春的舞台上见证过许多的美丽与哀愁。

然而，在与现实的坚冰碰触之后，这些浪漫翩跹的梦幻往往被卷入无可逃逸的理性思考中，凝成了层累积蓄的记忆，钝成了时光磨洗的锈痕，终作一场走向冗繁而世故的成熟仪式。而面对这日益现代化的世界，面对这真善美被体制化禁锢日趋严重的社会，我却要唱一曲挽歌，唱一曲落寞的挽歌，来祭奠我和我们这个时代曾一度拥有的单纯而理想主义的绝尘大梦。

梦幻作为我人生体验的代偿，它在虚妄中暴露了我内心深处无可掩抑的年少轻狂，却又在实有中凝聚成指引我在现实中存续信仰的神圣的火种。我在梦中看到了太多的过眼烟云，我在梦中捕捉过太多生命的光影与斑斓，却一直未曾寻觅到生命内在的本质意义。文学则是对梦幻的再次代偿。我在现实中的呐喊与彷徨，坚守与迷茫，成了梦中迷离的思绪，成了梦中荒诞的臆想。而我梦中依稀的爱意，惆怅的徘徊，青春的回旋，幽思的遥响，最终都幻化成文学世界中具体可感的文思与情愫。透过文学来把握梦幻，通过文学来代偿人生，这正是我心灵深处的一场青春大梦。

现实中无法造就的虚实与存消、风流与落寞，生活中无法明晰的真善美、假恶丑，我愿将它们诉诸于一场心灵的祭奠——我无法逃避这一场心灵的祭奠。自心灵史观降临人间后，被现代性话语生产的所谓“纯文学”概念也遭到了批判，然而，尽管我服膺于社会批评派的学说，但粗粝的阶级、政治与社会学概念并不能取代文学本身的美感。每每思绪沉入黑夜，那些光辉灿烂的文学大师的名字如同夜幕中的点点星光，将我梦境的时空照亮，这是文学的万神殿，是历史的英灵塔。

我想，每种人生、每个故事都不曾有过终结的那一刻，因为它的讯息与痕迹永远飘落在时空的裂隙间。人的生命与意识在被抛入时代的时间脉络中的时候，它注定将与时代同步而难以任由个性的发展。但站在反抗社会体制和时代特征的客观角度上看，没有谁有资格去压制他人的自由。因为正是我们作为“人”应该拥有的自由性是最大的尊严所在，也是我们人类可称之为“人”的根本立足点。

但是，在这个技术上日益现代化的世界里，我看到过各种灯红酒绿，我曾走过各式喧嚣浮华，但无法找到自己心灵的故乡，无法实现内心价值的舒畅与解放。于是，有些曾和我抱有类似想法的自由精灵们，从都市的虚妄中逃逸，从体制的酷烈里挣脱，准备去寻找梦幻中的乌托邦。然而，作为现代人，作为有着现代理念的公民，我们终不过发现了自己内心深处的莫大孤独。当我们再次回归这个现实中的时候，竟可笑地发现自己一以为傲的精神孤独也不过是填补无聊与恐惧的一种无可释然的寂寞感。我痛恨这种雨水般粘稠的寂寞感，就像痛恨这一个无法超脱的梦幻与想象。

故事往往就会从这里开始。虚构当然是文学的重要特征，但虚构的故事里却仍旧没法与细节的真实割裂。探索宇宙奥妙不能消解众生之苦，再宏大的虚构叙事也不能抛弃细节的真实感给读者带来的阵痛与欢乐。这些精彩的故事，它似乎从未发生过，却似乎又每天在我们身边重复演绎着不同的版本。

现实主义巨匠们迷恋人间悲剧，现代主义大师们却将悲剧本身的意义也消解了。对于生命，我并不是一个悲观主义者，甚至也不再是一个理想主义者。我热爱生活，所以我讴歌青春；我信仰光明，所以我崇尚自由，甚至愿为炽烈的爱而狂热地追寻。而这一切幻化在故事里，却成了一个莫大的悲剧。我不想去写什么悲剧，因为在现实的世界里我们见证的悲剧还不够多吗？在新闻故事的悲剧性远远高于小说家们的臆造的时候，我们还有必要去重述这些悲剧吗？

悲剧是不可怕的，它反复出现，早已磨平了太多人的心气。最可怕的是在这层出不穷的悲剧中，我们没有养成使自己愈发纯良而崇高的“悲剧意识”，患上的却是愈发好勇斗狠的残忍心理。当人们开始对“悲剧意识”避而远之，这将是一代人堕落的开始。用悲剧来澄清文字的心理意义，进而激发读者的“悲剧意识”，或许这将是未来的好作家仍旧要面临的问题。

## 二

在当下，任何文学创作都应是个人的行为方式与价值体验，却依然离不开孕育写作思维和理念的时代特征。中国百年新文学，从文学革命发端，在反复历经政治话语和市场价值的影响后，从昔日“不能承受之重”的使命感到今天“不可承受之轻”的边缘性和个人化存在方式，始终在这片连空气都变得稀薄的苍穹下上演着人世间的喜怒哀乐、爱恨情仇。

这场文学的千年旅程，历经太久，似乎寻不到梦的彼岸；这场众声喧哗的艺术狂欢，历时太短，转瞬即逝，甚至不知它何处生发，而又何去何从。我就在这文学航道的分流处，观西风吹云，岚烟斑驳花弄影；看东风骤起，古典韵里梦星雨。我捕捉不到一点上帝赐予这个世界的未来讯息，只能在现世的逍遥里度一场青春的大梦。而我则要用文字的张力去描摹这过眼云烟的梦，将我的情愫诉诸于这梦幻的画卷上，告诉我和我们这个梦幻的力量愈发脆弱的现实世界：我们视作可笑甚至幼稚的梦幻，在别人的世界里往往等于她生命的全部。

三

在我看来，真正的好故事恐怕不是能用简单的情节概要所概括的。纳博科夫把文学理解为对生命伤感与美丽的描摹与复刻，这般理念不仅通行于西方文学，在被现代性的火光返照的古典文学里，写出人间回环往复的宿命感也是颠簸不破的文学真理。

然而，真理在我面前，我不曾明察，却时常自觉地将一孔之见演绎为标准的理解；谬误从我身旁擦过，我不曾明察，却喜欢给这无端的存在披上一层神秘的面纱，仿佛谬误和真理不过是一个事物的两重表述。询问所有问题的主体或者本质，其本身或许就是把谬误和真理混为一谈的做法。然而，在上帝死去的岁月里，纷纭世事勾连了冗杂的叙述与荒谬的存在感，作家们只能用现代主义的写法去捕捉它的只光片影，甚至借助象征叙事去解读其间可能的价值。但是，在现代性未能全面完成的当代中国，现代主义文学大行其道的现象便显得颇为吊诡了，充满苦难的大地与艰涩的话语丛林在当代的邂逅竟是如此滑稽。

我的痴迷，我的彷徨，我的狂惑，皆出于此。

四

若有太过理性的思考，喜剧将赚不来笑声，悲剧将换不得泪水。在夜色的冷峻与苍茫里，我时常会陷入这种无可超脱的理性深渊中。按照实况，我是所属摩羯座的，它在我身上体现的特质之真切恐怕是不容置疑的。而我总觉得自己也有很多双鱼座的性格气质。摩羯的现实、冷静、坚忍等特点本来并不利于感伤主义的小说创作，但却在我双鱼座式的敏感、遐想、激情的底色上为写作平添了一种淡定的心态。我梦中的山色是依稀朦胧的，却又是冷峻而阴郁的；我梦中的春天是芬芳翩跹的，却又是静谧而清雅的。浓烈而不失青涩，激越而不抑沉思，又能于幻尘中看见澄澈，于深渊中望见星空，这或许就是我所执着的文学形式吧。

我是企慕于美，企慕于真，企慕于善的，在艺术与人生上，我有着同样的企慕，有着共同的呐喊，有着不止的思考。我追寻，却无从超越；我踟蹰，而愈发迷茫。在现实中，限于时，限于地，限于环境与对象，在寂寞的夜和孤独的风里，我在无月的夜幕中摸索，把蛇眼当作星光，把雾瘴当作云彩，把地上霜当成天上月。我勇敢过，大胆过，痴狂过，悔恨过，暗弹痛心的泪，用带锈的小刀，割去时光背上朽烂的血肉。于是我露出释然的微笑，从茫茫人海中穿梭而过，随云海而漂游，伴夜风而独语。

时光是风，从死亡的方向吹来。

往昔是湖泊，其中只有一位泳者：记忆。

——叙利亚诗人阿多尼斯《我的孤独是一座花园》

理想在云端

# 第二辑

# 理想在云端

# 我用写作来抵抗逝去的岁月

昨天，在木心先生的读者群里，一位网友看了我凌晨发送的文章，跟我讲，每天都更新文章真是用生命在写作了，要注意身体。我感动于这位素昧平生的读者的关心，我心中也深知，每天写作一篇长文还要保证质量，是极难做到的。事实上，我的大部分文章都是之前写好的，甚至是大学早期的作品，只是每日定时发送而已。

然而，我亦深知，力求每日写作，已是我竭力养成的习惯。每晚下班后，稍作休息，就开始了写作时间。于我而言，自由的写作是一种享受，它不用带着镣铐的羁绊，我的思绪得以任性驰骋。多年来坚持不懈的写作，已经融入了我的生命之海，回望时光在这些浪花间留下的斑驳之影，我也看到了自己这些年来的成长，其中甘甜辛辣，唯有自知。

曾经有那样四年的时光，孤独的火焰像长蛇一样缠绕着我，让我无法挣脱。每逢深夜，在无数黯淡的星光下，我渴求寻找到解脱苦闷的秘道，明知坦途的位置，却动摇西撞，被执念所累。在那四年里，我很少提笔写作，一方面痴迷于大量的阅读，一方面，似乎又是在体会生命本身。在此之前，我大抵是常写常新的罢。

历经生活的跌宕起伏后，我开始重新试图找回跌落前的青春岁月，我知道自己找回当年感觉的一个标志，便是我能重返激流，重新开始大量的写作。不论是写作时评，还是文化、文学评论，还是心灵随笔，抑或是历史钩沉，我的内心深处始终有着炽烈的情绪，它是对走出人生历史三峡的渴求与呼告，也是让我重振旗鼓的强悍动力。

于今，写作便是这样一种抵抗逝去光阴的途径。尽管我深知，那些逝去的岁月，曾经转瞬即逝的美好，以及心无旁骛的念想，大抵是永远无法追回了。德里达曾言，写作就是撤退，萨特也把写作看成追求永恒自由的方式，但“正面强攻”永远是我不愿也是不能放弃的写作姿态。但我也不会否认，在这个抵抗中，只有时间是最后的胜利者，而我就像挑战风车的堂吉诃德一样，只是希望自己离开青春初心的日子，推迟得越往后越好。若真如是，那些沉默不言的岁月也过得并非毫无价值。

# 所有的人生都是求仁得仁

有位在我看来十分优秀的老兄，或者说是前辈，最近在微信朋友圈竟发起牢骚来。内容不外乎人到中年，已过不惑之年，却无一官半职，实在羞愧而愤懑。人不能从自己的立场揣测他人的立场，但是，作为读书人，这种心态倒是颇为常见，作为一种整体性现象，我无法保持沉默。

其实，既然选择了一条知识分子的道路，肯定就会让渡出一部分“成功”，来抵达精神世界的彼岸。换言之，读书人为文治学，就别想着同时非得当官赚钱；要创业经商，就别想着舞文弄墨；要走仕途，就得脚踏实地，安心做事，别想着谋利赚钱。否则，最后什么也搞不好，甚至会让自己陷入自我撕裂中。

研究生毕业前后，选择读博还是工作，曾让我十分困惑。人行于世当然要遵循本心，但也不得不考虑现实。仰望星空，不等于不脚踏实地；扎实工作，不等于放弃读书。几经徘徊，我还是暂时告别了学术之路，投身于更广阔的工作生涯。工作之余，依然可以任性读书、写作，未尝不是一个读书人的安身立命之法。而对于选择读博的同道中人，羡慕之余，我更多的是欢愉、期待，从他们身上，我看到了自己人生另一种可能。

人生总归是这般“围城”，你放弃了一部分人生的可能，就会得到另一种人生的。要紧的是，无论选择了那条路，都应该“既来之，则安之”，顺从本心与环境的需求，没必要“吃着碗里，瞧着锅里”。别人的“成功”，你学不来，也行不来，但这是选择的问题，其次才是能力的问题，既没必要因此怀疑自己的能力，更不必因此陷入困惑与焦躁中。

人生如逆水行舟，不进则退。但比绝对意义上的进步更重要的是，相对意义上的正确选择。这个选择与所处的环境有关，更关键的是自己的本心。从大学后期开始，鉴于学业、爱情等多方面的问题，我的内心经历了激流勇进的狂飙，也历尽了骤然跌落的苦楚，更在千回百转中遭遇着歧路、寻觅这通途，内心挣扎源于不认命，精神斗争来自不安心。

这个过程，是一个人内心成熟、强大起来的必经之路，有人童年坎坷，早年经历了，在青春之时便呈现出超越同龄人的老练沉稳来里。有人早年顺遂，中年遭遇波折，甚至酿成更大危机。诸如此类的现象，在生活里是不鲜见的，但很少有人意识到这些苦难背后的幸运。所谓幸运，就在于它能让人尽早地觉醒，如果人到中年、甚至老年依然不觉醒，或许会造成更大的贻误。

回到最初的问题来。对于一个读书人而言，挂印封金的世俗成功是一个巨大的诱惑，但常被历代文人描绘成一个深不见底的陷阱，“不为五斗米折腰”的理念在中国传统读书人内心深处始终铭刻。涉及到个人选择，其实没必要刻板复制别人的选择，更不必因他人选择及其带来的成果就否定自己的选择和努力。但这里有一个巨大的前提：自己是真正为自己选择心甘情愿的，而非贪图虚名而为之。

人生在世，为人做事，心安理得便好。有人播下龙种，收获的却是跳蚤，但只要这个培育的过程是用心的，是合乎本心的，其成果其实并不重要。如果自己是一个看重结果的人，那就应该在起初就调节好理想与现实的关系，做出适当的倾斜。

所有的人生都是求仁得仁。说到底，还是得内心强大。这个强大，不仅是指坚定本心、追求理想时的强大意志，更在于不会因为得不到预期中的结果而焦虑、痛苦。并且，还能与那些阻拦你前行的东西淡然相处，并保持一定的距离，而不是以一种愤青式的激进来搏命。

古人讲，“宰相肚里能撑船”，便是内心强大之象。倘使明白了人生旅途尽是求仁得仁的道理，方可内心平静如大海。

# 从“人人广场”到“微信圈子”

对于人人网和微信两款网络社交工具，说实话，我起初是高看了前者，小看了后者。

在我初入大学的时候，正值人人网兴盛之际，那时候的人人网有个更让人怀旧的名字——校内网。也正是这个名字，让很多外围用户摸不着头脑，还以为是局限在一个学校内的小型同学的社群。殊不知正是这个名字不起眼的网站，让中国的大学生空前地聚合成了一个网络共同体。在这里面，又根据兴趣爱好划分为无数个群体，但总归有一些声音更容易占据话语权。

人人网的政治圈，我是关注最多的群体，人人网宽松的舆论环境，相对自由的社交空间，让很多和我有共同兴趣的年轻人走到一起，大家或许在现实中未曾谋面，却是精神层面的伙伴或者对手，但在最重要的大学成长期，能进行自我启蒙与青年群体间的相互启蒙，无疑是最幸运的事情。

尽管圈子里很多人是被人瞧不上的“键盘侠”，“地命海心”者大有人在，但在人人网风云落幕后，回想起来那些往事，却如同见证了一场杯盘狼藉的青春盛宴。人已不再，但少年轻狂的足迹还在，我并不觉得这是什么羞愧的事。事实上，这些当年人人网上的学术、媒体和时政达人，如今在现实世界里，混得好的也大有人在。毕竟，这个群体是以北清人等名校学生为主体构成的，当追星星的孩子学会了脚踏实地，现实的成功对他们而言，只是完成理想事业的基础而简单的一步。

不夸张地说，当我回顾自己大学时代的美好回忆，竟然多半都是源于人人网的。网络虚拟空间和现实生活的叠加，让我从偏居一隅的狭隘世界里走出来，意识到世界的辽阔与壮美，决心向钦佩的前辈那样，在平台合适和基于成熟的时候，书写属于我和我们这一代年轻人的历史。

戴锦华老师曾妙解90年代“广场”概念由政治涵义转向了商业涵义，大都会中崛起的炫彩多姿的各种plaza，犹如当年人声鼎沸、却充溢着象征意味的广场。而在互联网时代，不同于更早的天涯论坛、百度贴吧（这些平台我也是一路跟过来的，以后有机会慢慢讲）、QQ空间等，人人网算是当代青年、尤其是85后和90后们的第一个话语广场。

在这个广场里，大多数人都算是外围的看客，兀自做着各自的事情，但总有一些人不愿意被小确幸所吸引，不愿意承认这是个小时代，他们就像广场上的广播喇叭，不断地向广场四周播送着独立思考的声音。而在这些声音的吸引下，有更多年轻人走向了广播站，走向了广场舞台的中央。

人人网黄金时代的落幕，当然有网站经营的问题，也有时代大环境的影响，有其必然，也有偶然的无奈。我和我的很多朋友，对于人人网的衰落，都颇感难过，人人网时代的终结，某种意义上，也是我的理想主义青春岁月的落幕。

微信的大规模崛起，大概是在2014年，也正是人人网全面衰落开始的时候。期初，我不看好微信，它没有人人网内容丰富，也不能写日志，也不能自由加好友，而且也没有广场众声喧哗的氛围。不过，微信后来推出了微信群聊和公众号两个功能，并且随着智能手机的全面普及，微信开始逐渐取代了电话、短信、邮件等通讯功能，成为生活日用工具，甚至成了不可替代的“器官”。

相比人人网偏重学生用户，微信的商务性让绝大多数网民和手机用户都卷入了这个自媒体的浪潮中。当越来越多的年轻人熟悉微信而不知人人网的时候，我才终于意识到，人人广场时代真的一去不复返了。相比人人网的公共性和开放性，微信是“熟人社交”，其半封闭的特点也让很多人利用微信达到了社交的目的。

我也逐渐适应着微信推出的一个又一个新功能，并试图将“圈子化”的微信社交加以开放化，但无论如何，总是找不到大学时代在人人网世界中自由遨游的快感。但对更年轻的、成长于微信时代的青年而言，微信或许就是他们最喜欢的社交工具。在我厌倦了朋友圈和微信群聊里繁杂的信息的时候，时常会点开尘封多时的人人网，静静地望着自己主页里几乎再也不会增长的“最近来访”，仿佛在某一时刻，青春的钟表在此戛然而止。

# 丫鬟身，公主心

在观察中外历史的时候，我时常能发现这样一个现象：中国人并不像外界所想象的那样有奴性，而是充满反抗精神、斗争性。只是中国人更具世俗技巧，不到关键时刻，或者没有人聚敛、鼓动，不会真正去着手抗争的事业。

起码在秦朝以后，“王侯将相宁有种乎”的理念便深入人心了，而科举制、王朝更迭等手段，也让更多的普通人意识到，只要凭借过人的能力、眼光和运气，超越阶层限制、成就非凡事业并非完全不可能，尽管难度也极大。但相比古老的欧洲、印度，中国人更相信超越本阶层的奋斗，甚至阶层的倒置，正所谓“旧时王谢堂前燕，飞入寻常百姓家”。

如此一来，社会上往往有一种人，出身卑贱，却心比天高。中国儒家讲“内圣外王”，所谓“修齐治平”云云，无一不是从个体内在入手，进入个体命运和家国天下变动的实践，这就让人的个体意义得以凸显，而当一个人意识到自己的出身不足以支撑自己的理想的时候，他就会调动圣贤哲学里各种理论来为自己的奋斗所作证佐证合法性。

但是，这类人起码在所谓成功之前，极少能得到旁人的理解乃至尊重。国人爱讲“推己及人”，但将之庸俗化的结果，便是妄图以自己的价值观来揣测别人的言行。史料里“燕雀安知鸿鹄之志哉”这般言论常见，便是这类被压抑、暂时埋没的大人物的尴尬所在。

这些尚且只是男性面对的问题，用今天的话来说，就是“地命海心”，但在女性里，这个现象更加普遍，也更值得反思。

《红楼梦》里的奇女子之多，超过了此前大多数文学作品里的女性形象。与金陵十二钗不同，大观园里的丫鬟们呈现着更明确的等级分化和与之相伴的身份意识。袭人虽然才貌并非最佳，但颇有心计，更厉害的是，她的身份意识十分明确，而且总能做到不越级、不做“不该做”的事情。在与宝玉“初试云雨情”时，她便想到了自己的身份决定了其妾身以从宝玉，绝对坐不上夫人，但的确比小妾、大丫头们要高一格，与宝玉先有鱼水之欢，合情而合理。

但曹雪芹更喜欢、更想浓墨重彩地表现的却是晴雯。很难讲晴雯有明确的超越身份的意识，因为若出于此，其形象也就不甚可爱，更像是陈涉式的野心家了。晴雯的意识来自本心，来自其资质，论样貌身形，晴雯于万艳群芳中可居前列；从文学设置上看，晴雯“水蛇腰，削肩膀，眉眼又有些像林黛玉”“钗軃鬓松，衫垂带褪，有春睡捧心之遗风”，足见曹雪芹对其之怜爱。

晴雯的姿色和性格与其身份不吻合，这也是她的个人悲剧的来源。“霁月难逢，彩云易散。心比天高，身为下贱。风流灵巧招人怨。寿夭多因毁谤生，多情公子空牵念”，正是其悲剧的写照。但从人性和文学的关照上看，晴雯的光辉却是超过袭人、麝月等丫鬟的，可红楼的世界终究是虚幻的、带有理想色彩的，当堕入浮尘中，现实中的晴雯只会有更惨的结局。

试图以一人之力对抗时代的主流和大潮，成功了，这便是历史膜拜的英雄；失败了，便成了螳臂当车的不识时务者。历史上绝大多数晴雯式的人物，最终的命运只能是前者，这也是曹雪芹看透了、并且也没法否认的残酷真相。但当千万个晴雯式的意志汇聚成历史的洪流，变幻为更迭主潮下的暗流的时刻，“丫鬟身公主心”

或者说“地命海心”的人，总归会完成这样一个被后世看成奇迹的创举，而这也意味着社会的稳态和传统被击碎，在这个加速流变的漩涡里，没有人能够独善其身。

# 怎样理解“穿越者”王莽的心路历程

英文里有个词叫charisma，译成中文便是“克里斯马”。我在大学第一次接触这个词的时候，就觉得它魅惑十足，历史上颇为charisma的人物和时代，也是后人谈笑间最爱称道的话题。太阳底下没有新鲜事，就是在所谓超稳态的古代，charisma也偶尔露出吉光片羽。人们曾经会以为它的绽放会多么绚烂，未料到最终却是碎成一地的狼藉。

圣母玛利亚在马厩里生下圣子耶稣的时刻，遥远的东方中国同样笼罩在纪元更迭的异样魅惑中。二百多年的汉帝国似乎已经日薄西山，但没人会想到一个带有理想主义色彩的时期会终结这乏味的寡淡。被后人看成“穿越者”的王莽在这一时期登上历史舞台，他当然不可能是什么“穿越者”，这只不过是戏谑的说法，但王莽跟常人多有不同，却是不争的事实。

有关王莽篡汉、新莽改制的基本史实，读书人几乎尽知，此处不必赘言。“周公恐惧流言日，王莽谦恭未篡时”，王莽在其中的心理变化，果真如历代文人墨客这般所言？

我看未必。数千年来，历史的外在表征变化剧烈，但人性大抵是相对恒定的。王莽出生在西汉外戚王氏家族，但在家族中毫无地位，他的同辈兄弟们多是游手好闲的纨绔子弟，却能承袭爵位、享尽荣华，这让王莽在少年时代就备尝人间冷暖，心理不平衡是必然的。但是，读圣贤书长大的王莽却怀抱利器，不甘心做一个没落王族的庸人，他花费心思、尽心竭力，终于得到了大司马王凤在临终前的提携，这是他发迹的第一步。

这种来之不易的成果，大概给王莽留下了一个心理烙印：在成功前必须要谨小慎微，只有拿到手的成果才是可靠的。儒家圣贤理想和极端自私的歧路，从这时候开始了第一次裂变。

从知识结构上讲，一个人选择的人生道路，一定与他早年的读书、思考密不可分。王莽出身并非草莽行列，从小能遍读儒学经典。儒家思想的优劣都以极端化的结果给他留下了烙印。讲究克己复礼、仁义礼智的伦理守则让王莽成为世人眼中的谦谦君子，但儒家强烈的圣贤情结也让他内心充满“补天”之志。如后人王勃所言，“穷且益坚，不坠青云之志”，这种落魄时却能依靠“自我圣化”的心理激励自我的方法，正是少年王莽的精神动力。但是，在狂飙突进的历史动荡面前，这种情结成了刺激社会走向大分裂、大倒退的强心针，不尊重人性规律而妄图使人人成为尧舜的野心，在学问家笔下可以实现，一旦落入现实实践，则难免走样。

这个一度被时人认为伟大的政治实验就是王莽“自我圣化”的结果。相比那些纨绔子弟，王莽当然是个charisma，和他一样充满理想主义精神的还有刘歆、杨雄等人，他们的才华和志向当然值得称道，但在强力的政治变革洪流中，理想主义就开始变味了。

蜕变的第一步当然是自我膨胀，这大概是所有野心家的通病。王莽最终像王凤一样成了朝廷里说一不二的重臣，手握傀儡小皇帝，可谓口衔天宪、权倾天下。但是，王莽依然恪守儒家圣人之道，绝不越臣子身份之外半步，尽管事实上他已经在向篡权者的身份不断靠拢了。但是，在儿子不慎打死奴仆后，他却要逼儿子自尽，只有这样才能维护自己的圣人光环。一个要逼死子女却只为所谓大义理想的人，此时大概已经无人性可言了，他内心想的只有所谓“神性”。但是，一个没有人情味的道德雕塑，只能在短时间内引发舆论的称颂，当“神性”被证明虚伪性后，这也就变成了闹剧、悲剧。

直到此时，王莽也只不过位极人臣，如果历史到此戛然而止，其个人和国家的悲剧或许也会小很多。但历史没有假设，王莽的权力和道德水平达到巅峰之时，也是彻底堕落的开始。终于有人上书要求王莽做“假皇帝”，也就是代理皇帝。从此之后，王莽的命运恐怕无法被自己掌控了，有太多人渴望依附王莽的革命来达到自己的目的，无论是高官利禄，还是名垂青史，每个人都希望在王莽的改天换日里分一杯羹。至于王莽内心渴望推崇的圣贤大道，却没几个人真的信仰，只是借题发挥而已。

果然，有个叫哀章的野心家献上了符瑞，这是王莽称帝的“合法性”来源，哀章搞这种鬼把戏也不是完全为了王莽的，在符瑞上写得很清楚，哀章是王莽称帝后必须重用的十几名大臣之一。事实上，无名小卒哀章也借机粉墨登场，还真成了新莽政权的重臣。如哀章之流，在王莽篡汉时必然不少，见诸史书的就有数十人。有多少邪恶，都是以正义、道德的名义进行的！尽管道理是显然的，但这类事情在后世依然陆续上演。

王莽的理想主义，到了这一步也达到了巅峰。王莽开始照搬《周礼》的制度推行新政，频频改变币制、更改官制与官名、以王田制为名恢复井田制，把盐、铁、酒、币制、山林川泽收归国有、耕地重新分配，又废止奴隶制度，建立五均赊贷、六筦政策，以公权力平衡物价，防止商人剥削，增加国库收入……这些大动作在当时绝对是惊世骇俗的，不符合社会经济条件的剧烈变动一定会毁灭原先相对“正常”的百姓生活。

王莽政权只维持了15年就崩溃了，在新莽后期，形势恶化，饿殍千里，天下皆反，王莽终于惊恐地发现自己这套圣人之道换来的不是天下太平，他面对的世界比他执政之前的世界还要坏，此时才是真正的礼崩乐坏。但是，王莽的理想主义已经和历史的惯性绑在一起，他想停也停不下来了。

到了这一步，圣贤理想主义已经彻底被权力的泥沼吞噬了，要保住权力，王莽就必须全盘否定他的革命理想，但这是他宁死也无法做到的。于是，天下混乱之势愈演愈烈，宿命的垂青者刘秀在昆阳大战灭掉了王莽的军事主力，历史的天平已经不再倒向王莽了。

每每读两汉之交的史料，我都会试图想象王莽当时的心理，这是一种何等复杂的情感！为之奋斗60年的理想毁于一旦，自己费尽心思缔造的“理想社会”却被百姓唾弃，最重视名节的读书人也未尝受过这种耻辱吧！

可这一切都是王莽的自作自受，可怜之人必有可恨之处，王莽用皇权污染了知识分子的乌托邦，连他当年培养、重用的刘歆等人也成了反对派，甚至要取而代之。王莽的悲剧到了这里突然变成了滑稽戏，68岁的他突然浓妆艳抹，穿上青年时代的华丽衣服要大搞婚礼，这当然是啼笑皆非的闹剧，也是回光返照的表现。

王莽为了挽回民心，不得不虚伪地上演各种闹剧，他还泣不成声地把给汉平帝祈祷用的金藤之策拿出来给百官看，但这一切都晚了。毁灭在即，王莽的理想主义彻底变成了极端利己主义，他只有一个目标：保命。他把屠刀伸向他曾经渴望改变的人间，后者则以更猛烈的反抗反击他。

几天后，攻入未央宫的起义军在渐台杀死了王莽。王莽的结局大概是中国历代皇帝里最惨的之一，他是一个中央帝国的开国皇帝，也是亡国皇帝，他推行的新政在他活着的时候就被历史唾弃，他被曾经拥护、崇敬他的百姓们（此时已成了暴民）杀死，头颅被悬于闹市，尸身被剁碎，成了后世儒家文人厌弃的反面典型。

不得不说，王莽是自带charisma光环的，他所信仰的、追求的理想天堂在当时不可能出现，它只出现在儒家经典文献的记载里。但是，在这场狂飙突进的革命中，不仅王莽的人性逐渐变形、剥离、甚至变态，这个世界也变得夸张、荒诞、面目可憎，甚至比历史上那些残暴的昏君治下的世界还要坏。追寻理想的激荡情怀固然令人神往，这大概是所有热血少年的梦幻传奇，但悖离常识、人性的国家行为一定是祸害百姓、流毒多年的，王莽的悲剧没有被时人同情，也没人理解他，还被后世儒生不断唾骂，这又岂是少年王莽的初心呢？

# 历史的断崖

如果历史的发展就像因果律和自然演化律一样，完全可以被测算、预知，身处历史进程本身的人，或许会感到些许乏味，也正因为历史走向的含混性，才使后人能看到那些不惜身死，试图改变历史大势的人的身影，还有那些凭借一己之力便力挽狂澜的人，成为后世传颂的英雄人物。

天命虽有常，而世运无道可循。有些历史轨迹并不以时人的意志为转移，古代中国常讲的谶纬之学，也无法窥见这些世道兴衰的细节。当历史走向突变，犹如大江遇陡崖，顷刻之间，玉珠狂泻，是为历史长河的跌宕之处。蒙古灭宋，便是中国史上最大的历史的断崖。

庸常观点认为宋人武力稀松，军事疲软，相比汉唐，如此说来或确有道理。但通观当时，亚欧大陆国家大多无力与蒙古铁骑抗衡，中亚大国花剌子模曾不可一世，却在三五年内便被蒙古人亡国灭种，东欧诸国更是毫无抵御之力，竟让蒙古人长驱直入，兵锋直指埃及，并饮马多瑙河畔。相形之下，南宋抗蒙近半个世纪，并在钓鱼城下打死蒙哥大汗，上帝之鞭折损于此，宋人不可谓不强悍。

今天重读这段历史，吊诡之处在于，蒙古势力逐步蚕食南宋疆土，而身处江南安逸鱼米乡的南宋百姓，对这些日益逼近的灾祸却浑然不觉。或者说，即使心有忌惮，也未影响其日常生活，殊不知蒙古入侵不是过去一般意义的改朝换代。即使如南宋士大夫群体，大抵也是对此抱有侥幸心理的，怎么会指望百姓惊觉呢？

法国学者谢和耐写过一本《蒙元入侵前夜的中国日常生活》，从书名上就令人拍案叫绝了。谢和耐不是凭空作文，其史料根据，多来自《马可波罗游记》、周密《武林旧事》、范成大《吴船录》、庄绰《鸡肋编》、吴自牧《梦粱录》等文献。它不讲帝王将相，专谈市井小民，衣食住行，婚丧嫁娶，三教九流，无所不包。

我真正感兴趣的是，并非这些史料真伪、民俗风情，而是这种断崖前后的巨大落差给人的震慑感。将南宋的梦幻浮华置于蒙古入侵的历史阴影下，形成的巨大比对更让人慨叹历史大势的无情。

谢和耐细致描绘了南宋的都城景象、农村状况、商业发展，从当时国人上至皇帝贵族、下至黎民百姓、走卒贩履、文人骚客、娼妓等衣食住行、风俗、生活观念等细致角度入手，堪称一幅宋朝晚期的浮世绘。

其高明之处在于，他从这些细节描绘中窥测了宋王朝商业繁荣、世风奢靡却军事积弱的现实，文人气太重、尚武风气的衰落也为蒙古灭宋埋下了伏笔，尽管这个结论是中国历史的老生常谈，但谢和耐的笔法依然极具方法论典范。

南宋晚期就像明代晚期一样，工商业发展带来的新的文明样态的萌芽，似乎是曙光初现。但正如谢和耐所说，“在蒙古人入侵的前夜，中华文明在许多方面都处于它的辉煌顶峰，而由于此次入侵，它却在其历史中经受着彻底的毁坏”。

这种思维、或者说是方法论上的启迪，让我大为感慨。从日常生活的史料（令人称奇的是，书中所有史料全部来自中国历史文献，但这些文献并不新奇，但在传统史料的使用上，谢和耐比国内史学家技高一筹）中研究历史跌宕的大势。

在终将一夜间毁灭的宿命面前，南宋百姓的日常生活竟呈现出一种浪漫、奇情、伤感的感觉，颇有茨威格《昨日的世界》里的味道，这大概和谢和耐呈现的笔法细腻且颇具文学化有关。

当一切繁华最终成为过眼云烟，曾生活在这片土地上的祖先们的甘苦悲喜、飞扬与落寞也随着大时代的落幕一起坍圮、消失。

# 失落的辉煌的谱系

本尼迪克特用“菊与刀”隐喻日本文化，其精妙贴切的解释已成为经典。若用两个概念解释象征中国文化，我认为“吃与祖宗”最为恰当。中国人爱吃、能吃、会吃，堪称一绝，在此不表。单说“祖宗”问题，大概是每个中国人都依赖和困惑的事情。古今很多人博取功名都有光宗耀祖的目的，若“祖上阔气过”，即使自己这一代已沦为底层，也是可以“精神胜利”的。

普通人尚且如此，历代王朝帝王对祖先的追溯更加看重。但不是所有帝王都有着显赫的出身，即使出自世家望族，也不能保证自己源自伟人一系。只是，这个问题关涉到统治者合法性来源，就会出现刘备自称皇叔、朱元璋自称是朱熹后代这样“务实”的做法。不过，若做历史真相的推演，还需诉诸于严谨的史料考证。

先从先秦说起。夏朝第一代王是启，启之前是禹。大禹治水的时代，正是五帝时代走向终结的最后时期。从禹上溯历史，可以推到黄帝。经过昌意、颛顼、鲧等八代，才到了禹。夏朝出自黄帝一系，应该是没什么争议的。

根据夏商周断代工程给出的数字，公元前1600年商汤灭夏，汤是第一代商王。汤之后，殷商国祚五百多年，是中国历史上统治时间最长的统一政权（前后周朝累计八百年不算）；汤之前，有15代商族先公：契 → 昭明 → 相土 → 昌若 → 曹圉 → 冥 → 王亥 → 王恒 → 上甲微 → 报乙 → 报丙 → 报丁 → 主壬 →

主癸。

这段时间，恰好是夏朝存在的四百多年和所谓的尧舜禹时代的二百年。契是帝喾之子，唐尧的异母弟。根据《史记·五帝本纪》的记载，帝喾之父为蟜极，蟜极之父为玄嚣，也就是少昊，其父便是黄帝。

这样一来，殷商的始祖也可以推到黄帝一系了。据史书记载，帝喾有四妃。正妃有邰氏名姜嫄，生子弃，即后稷，是周朝的始祖。次妃有娀氏名简狄，生子契，是商朝的始祖。

弃是周朝诸王的先祖，这是没有争议的。不过，对弃的出生，史书记载和解释有所不同。《诗经·大雅·生民》记载，他是姜原“履帝武敏”（踩上上帝脚印的拇指处）所生，而依《史记·周本纪》、《论衡》等书的记载，则是履大人迹。结合“玄鸟生商”的说法，商周祖先的生母比较确定，但生父的形象都很模糊，这大概也是对远古母系氏族社会的形象化呈现。某种意义上讲，这正是其母系氏族崩溃，进入男性主宰的文明阶段的标志。

周朝绵延八百年，一大半时间都缺乏对全国的控制力。春秋时期国家虽多，但其君主多来自周王一系。据资料可梳理：

有周太王系的吴国（吴太伯）、虞国（仲雍），季历系的东虢国（虢仲）、西虢国（虢叔），周文王系的管国（管叔鲜）、周国（周公旦）、蔡国（蔡叔度）、霍国（霍叔处）、郕国（郕叔武）、卫国（卫康叔）、毛国（毛叔郑）、聃国（聃季载）、郜国（郜子）、雍国（雍子）、曹国（曹叔振铎）、滕国（错叔绣）、毕国（毕公高）、原国（原公）、酆国（酆侯）、郇国（郇侯），周武王系的邘国（邘叔）、唐叔虞唐国（晋国）、应国（应侯）、韩国（韩侯），周公旦系的鲁国（伯禽）、周国（君陈）、凡国（凡伯）、蒋国（蒋伯龄）、邢国（邢朋叔）、茅国（茅侯）、滑国（滑伯）、（胙国）、（祭国），召公奭系的燕国（燕侯克，战国燕国）、召国（次子），唐叔虞系的晋国、贾国（公明）等等。

周初最大的异姓诸侯国齐国始祖为姜太公子牙。有关姜子牙的身世，缺乏明确史料记载，后人推断多有鲁鱼亥豕之谬，不足为道。今人有说法认为姜子牙为羌人，姜、羌同源，为炎帝一系后裔，世居东夷。而羌人与夏人同族，与殷商为世仇，殷商后期对羌人的征伐、屠戮和俘获越来越严重，动辄灭族、将其“用”（殉葬祭祀）。姜子牙和周武王姬发的联合翦商大业，也可以看成周羌两族对商族的复仇。

至于楚国的远祖，传统观点认为也可以推到黄帝。《史记·楚世家》：“楚之先祖出自帝颛顼高阳。高阳者，黄帝之孙，昌意之子也。”屈原在其《离骚》中亦称：“帝高阳之苗裔兮，朕皇考曰伯庸。”楚国从立国初期，就秉持着与中原不同的风俗、制度，不臣之心向来有之，偶尔还要试图“问鼎中原”。据新出土的清华简记载，商王盘庚的女儿妣隹征婚，楚部族的首领季连趁机追上了她，此后便居住在盘地，与妣隹生了緹伯、远仲两个儿子，他被尊为楚国的始祖。可见楚人与商人存在亲缘关系，这也为后来楚国人不服周埋下了伏笔。

再来看秦朝（秦国）的祖先。秦赵共祖已经是史学界公认的史实，其远祖也可以推到黄帝。《史记·秦本纪》有记载：“秦之先，帝颛顼之苗裔，孙曰女脩。女脩织，玄鸟陨卵，女脩吞之，生子大业。大业取少典之子，曰女华。女华生大费。”这里的大费就是著名的治水人物伯益。

伯益之后历经多代，商纣王时代，有后人飞廉。《孟子·滕文公下》有言：“周公相武王诛纣，伐奄三年讨其君，驱飞廉于海隅而戮之。”《史记·秦本纪》另载“周武王之伐纣，并杀恶来。是时，蜚廉为纣使北方，还无所报，为坛霍太山，而报，得石棺，铭曰：‘帝令处父（飞廉别号），不与殷乱，赐尔石棺以华氏。’死，遂葬于霍太山”。飞廉有子二人，而命其一子曰恶来，事纣，为周天子所杀，其后为秦。恶来弟曰季胜，其后代为三晋中的赵氏。

根据上述考据，夏商周秦四代的远祖都可以推到黄帝，后世历代国人的祖先也多能从这四代王族中找到远祖，黄帝（或者从分子人类学来看，作为一个基因符号存在的黄帝）不愧是华夏始祖。

秦崩后，刘邦成为中国历史上第一位平民出身的皇帝，先秦两千年的贵族王权统治体系彻底崩溃，周代诸侯国的贵族后代也变成了平民，甚至被灭族、或沦为底层。汉朝和汉朝之后的历代王朝，在追溯远祖的问题上，很难再明确追溯到渺远的三皇五帝时代，在风云变幻的权力更替中，他们的兴趣不再是在祖先的光荣上寻找自信和存在感，“王侯将相宁有种乎”，而是将个人奋斗和时代风潮加以结合，搏浪于历史大潮的涤荡中。历史的天平也不断向更多出身草莽的普通人倾斜，祛魅后的神灵神话也逐渐被人间英雄的史诗取代，历史在变得扑朔迷离的进程中，更彰显其偶发的魅力。

# 上将潘凤之死

忽探子来报："华雄引铁骑下关，用长竿挑着孙太守赤帻，来寨前大骂搦战。"绍曰："谁敢去战？"袁术背后转出骁将俞涉曰："小将愿往。"绍喜，便著俞涉出马。即时报来："俞涉与华雄战不三合，被华雄斩了。"众大惊。太守韩馥曰："吾有上将潘凤，可斩华雄。"绍急令出战。潘凤手提大斧上马。去不多时，飞马来报："潘凤又被华雄斩了。"众皆失色。

初读《三国演义》这段的时候，估计没人会想到里面毫不起眼的小角色潘凤，会成为青年热捧的网红。相比那些知名三国人物，潘凤是火得晚了些，火得也更加吊诡。甚至很多不熟悉三国故事的网友，也习惯了和潘凤有关的流行语、俏皮话，我称之为"潘凤现象"。

潘凤走红大概和新三国电视剧有关。在这部名为《三国》的电视剧里，许多角色被塑造地更复杂，也让潘凤这样的小人物有了更个性化的台词，尽管这未必是罗贯中的原意。老版三国里的潘凤只有"末将遵命！取兵器来！"这样一句台词，新三国里则变成了"有何不敢？我的大斧早就饥渴难耐了！"

无论是"饥渴难耐""可斩华雄"这样的大口号，还是"上将"这样响亮的头衔，都和潘凤被华雄轻松斩落马下形成了鲜明对比。罗贯中这样写是为了反衬华雄武艺之高强，进而突出关羽更强悍的武力，但网友们不这么想，潘凤从刀下小鬼，变成了一个不寻常的存在。

这是为何？网络文化的草根化、平民化特质消解了诸多崇高的形象，也让潘凤这样的小人物登上舞台的中央。潘凤被青年网民塑造成一个胸怀大志、却一登场就被杀死的悲情英雄，潘凤或许有着曾经光辉的战绩，有着为成为大将军而拼搏的艰苦岁月，有着对社会和人生独到的见解，有着在历史上扬名的抱负，或许还有对亲人、恋人来自心底柔软的爱。

不过这些都无法确悉，潘凤在历史上定格的瞬间，就是他被华雄一刀斩于马下时的孱弱狼狈，以及“可斩华雄”这样言过其词的妄语。至于他之前什么样子，登场前做了何种努力，没人知道，或许也没人关心。这恰恰是无数像潘凤这样的小人物的可悲之处。命运是残酷的，它似乎毫不讲道理，它能让一个人在自己最风光的时候，彻底跌倒谷底，甚至跌落致死，而“以成败论英雄”恰恰是此间最残酷也无可指摘的逻辑。

历史上有无数潘凤这样的年轻人，就像在长坂坡被赵子龙枪挑的七十二员战将，难道都是武功稀松的庸人？未必是，或许他们其中有一些人，比廖化武功强，可惜他们初等战阵遇到的就是名将赵云，而不能像廖化一样幸运地活到最后。换句话说，命运留给他们由弱变强的成长期太短了，他们是死在黎明前夜的一批好汉。至于赤壁鏖战里在战火里丧命的小兵，抑或是攻上城墙却被矢雨射下的无名小卒，其生死成败，Who care?

历史生成的本质，以及我们看到的世人的命途，终究是“幸存者偏差”，只有活下来的人才有话语权。社会上有无数像潘凤这样的年轻人，他们或许胸怀大志却命途多舛，或许有独当一面的能力，却在潜力未被激发出来之前，就被锁死在社会底层。只有极少数心智、能力、毅力和运气俱佳的人，能从这样残酷的游戏里脱颖而出，而在他们脚下却是累累白骨。

一将功成万骨枯，难道万骨里就没有英雄豪杰了吗？其实，这是个伪问题，因为问题的答案当然是肯定的，但现实逻辑里这却是个无意义的话题。潘凤的死也好，潘凤的火也罢，既是他命运不幸之处，也是其不幸中之万幸。所幸的是，我们今天还记得三国故事里有个妄图斩华雄的上将，而无数连登场都没机会的“潘凤们”又在哪里呢？

他们皆是藏在历史巨大阴影里的芸芸众生。

# 乌厄连的创世者

翻开世界地图，在俄罗斯广袤疆土的最东端，是一座名为乌厄连的小城。说是小城，其实就是一个不足千人的小村镇。它与美国阿拉斯加隔海相望，中间的白令海峡将两个大洲劈开。

我对地球上这样不为世人熟知的地带向来是充溢着兴趣的。即使在Googleearth上以上帝视角寻觅它们，也是极有兴味的。据说，在冷战时代，乌厄连是美苏对峙的前哨，是军事分庭抗礼的桥头堡。

我没有去过这里，或许去过这里的游客，比去过南极洲的人还少。在中国开通了昂贵的南极旅游团后，似乎这颗星球上已经难有游客无法踏足的土地。其实，俄罗斯西伯利亚北部地区的无数苔原、针叶林、湖泊、河流、山谷和湿地都是未开放的“处女地”，就是游客想去堪察加半岛游览火山也要排队搭乘昂贵的直升飞机，更谈何楚科奇地区这般浩渺无迹的荒寥地带。

这里的风光气壮山河，这里的故事千回百转。五万年前，从东非走出的现代人类的祖先，经过今天的中亚、东亚和西伯利亚，终于来到这片世界的尽头。他们不知道，踏过面前这片冻成稳固冰面的水域后，就是一个温暖而崭新的新大陆。

从亚洲东端迁徙向美洲大陆的古人，具体数字有多少，或许是一个永恒的历史之谜。据人类基因图谱，几万年来，这个原始数字也不会超过万人。但在随后的两三万年里，人类的足迹遍布美洲的原野、高地、湖畔和沿海地区，在五百年前哥伦布踏足美洲之时，他面对的原住民人数已达千万。这些人都有着共同的父系祖先，他们都曾到访过乌厄连奇诡的山河，也见证过和今天一样的峭壁、浮冰、海鸟，或许也曾为漫长的极昼与极夜困惑过，进而选择离开这片神秘而诡谲的土地。

乌厄连有一个当代海象牙雕艺术中心，在这附近，曾在公元前1000年的墓穴中出土了大鱼叉的叉尖儿，它们曾被用作辟邪物、玩具和装饰品。在万里之外的古中国酝酿着武王伐纣的改天换地的时代震荡时，乌厄连的远古先民在寒风中捕捉着残酷生活的零星快感。

“天高地迥，觉宇宙之无穷”，追寻天问奥妙的情思，往往被寄托在华夏文人身上，习惯了男耕女织、日出而作、日落而息的农耕民族，大概是无法理解这些游离于主流世界之外的渔民、猎人的精神世界的。朝暮之际，风云变幻；昼夜交替，时光游走。数万年里，他们过着重复的生活方式，或许早就熟悉了枕着海浪翻涌的声音入睡，也早就不再对空洞寂寞的夜空心生畏惧。

他们始终没有产生发达的文明，在历经万年的寒冷寂寞后，迎来了沙皇俄国的探险队，并毫不意外地被划入俄国人的版图与历史谱系。直到今天，居住在乌厄连小木屋里的居民，祖先是原住民的可谓寥寥无几。历史的跌宕改变了族群流动的速度与范围，也让它进入普通地理爱好者的视野。它在远古的辉煌绵延的故事不为人所知，只能在文学家的笔端蔓延流淌；它亘古未易的极寒风光也未走入寻常的旅游图册，或许这本来就是一个美妙的错过。

# 如何区分真情与矫情

“少年不知愁滋味，为赋新词强说愁。”童年发蒙之时，被家人耳提面命着要求记诵此名句华章，虽能吟诵，却不解其中奥妙。中学时代，心底渐渐有了爱情的萌芽，看了几个三流的青春小说，便开始“华丽忧伤”起来。这大概也不是我一个人的成长记忆，而是一代人都曾走过的路。

步入大学，我也尝试着写过一两个中短篇小说，于今看来，不过是少年意气，荒唐文字。尽管，师友会赞叹其中文采华美、意境幽怨之类云云，但我心中不免尴尬。青年之气，如贯日长虹，追求热烈奔放而不知节制，当心境变迁、阅历增长之后，再观昔日文字、想法，竟只觉矫情。至于中学诗最爱写的青春的诗，大概在大三前，我已无心写就新篇。

此后四年，堪称我青春中最跌宕起伏、最混乱无序的岁月，因为意外而偏离原初的轨迹，这对一个心存执念的人而言，无疑是最沉重的打击。怎样能尽快回到生活的正轨来，是我最大的念想。当浪漫主义的殿堂崩塌后，迎来的是一个现实而残酷的世界。早在进入社会工作前，我就在内心完成了这个转换，却留下了永不能覆盖的阵痛，很难讲，这到底是幸运还是不幸。

对于强者而言，这的确算不上什么，所谓内心强大，便要由柔弱变成刚强，而这个转化必然是不自主的，也是会有剧烈阵痛的。我身边同学、朋友多为中文系出身，学文学的年轻人或者生性敏感，或者被要求保留敏感而纯粹的心灵，这是符合此专业法统的，非个人情愿能改易。甚至是有些神经质的状态，慕穷求弱的心理，在这个文学的共同体里也是被允许、甚至被鼓励的。

如此一来，说中文系的人天真幼稚，的确有几分道理。看似是对人性有着广泛地了解，其实这些认知几乎都从书卷中来，一旦碰触现实，原初的世界也就成了易碎品。这就让我不得不换一种思路，逼着自己强大起来，抛弃优柔寡断的柔性姿态，直面现实来解决问题。

真正的强者是不会对着现实发任何牢骚的，更不会去做无效的批判。知识分子要在现实中获得和在理论殿堂里一样的尊严，就需要抛弃矫情和幻想，用最现实的办法实现最初的理想。我能够感觉出来，自己远比四年前内心强大多了，尽管这几年过得动荡不安，但这个过程让自己克服了很多本来不可能、甚至没必要克服的缺点。

或许，这才是一种真正的成熟。刮骨疗伤虽然有阵痛，但刮得比较干净，一旦熬过这段日子，沉疴尽除，后面的路就好走多了回首望去，方知诸多坎坷乃为补药，此中光阴又怎是虚度。

理想在云端

# 第三辑

# 理想在云端

# 文学变局下的去芜存菁

## ——读邵燕君《新世纪第一个十年小说研究》

初闻此书，我真是既惊喜又担心。国内终于诞生了一本对本世纪首个十年小说系统而深度的学术著作，研究对象与涉及问题“直逼当下”，回应了许多时鲜而重大的命题，这让人惊喜不已。但是，在20世纪90年代文学能否被历史化尚且备受争议的今天，试图将最近的十年加以专题研究，其完整性与合法性难免会遭到学界质疑，这难免让人为之捏一把汗。

读罢全书，观赏这场“高难度体操”的精神快感令我为之击节赞叹，不仅在材料的使用上颇为严谨用心，其方法论启示更令人受益匪浅。作者邵燕君是如何发现并破解这些难题的呢？

在我看来，要解读首个十年的小说，最大的难题就是研究对象的模糊与不稳定。不同于现代文学、“十七年文学”甚至80年代文学，本世纪以来的小说数量如井喷式激增，别说穷尽史料、文本，就是悉数阅读每年的新生小说作品也是天方夜谭，加之纯文学、网络文学的分野愈来愈强，很多概念、话语纠缠在一起，媒体、出版、传播、思潮等“外部研究”的对象也混置其中，这就导致研究对象空前复杂。邵燕君深谙西方马克思主义文论之道，她将这十年整体描述为三大变局：文学媒介（千年之变）、文学标准（百年之变）和文学体制（五十年之变），并将研究对象大致分为新历史叙述（后革命与后先锋）、现实主义（但陷入了困境）、海外华人创作，还有底层文学、打工文学与新左翼文学，当然，也少不了网络文学和“80后”写作。

邵燕君认为，当前文学机制的基本结构就是以文联、作协为核心，以各级文联、作协主办的文学期刊为基地的体制。在网络时代中，传统文学期刊面临诸多危机：与读者亲密关系的解体和“专业-业余”作家体制的解体。也就是说，很多所谓“非主流”的作家作品成为大众追捧的对象，而纯文学作家、甚至象征权威的老作家的影响力在飞速减弱。这种现象的背后是启蒙神话与破灭与精英价值体系的崩溃，如果连“文以载道”的基本功能都丧失了，文学与政治、历史的同奏又怎能持续上演呢？

在此变局中，现实主义小说首当其冲，面临极大的转型焦虑，毕竟它在长期历史上产生了巨大社会动员力与凝聚力，是文学、政治精英确认其严肃文学价值并借以贬斥消遣性通俗文学的资本。但在市场经济和网络时代，启蒙的神圣帝国最终覆灭，现实主义转向了“冷也好热也好活着就好”式的平民写作和世俗关照。即使仍有作家试图重建宏大叙事，但多数努力以失败告终。比如余华的《兄弟》，“正面强攻”的勇气固然可敬，但叙述的混乱与失真让人难以找到最初的感动。这种动荡不安下的焦躁在贾平凹的《秦腔》中也有体现，沸腾的乡土难以安放下平静的叙述。邵燕君清晰意识到此类文本的历史意义，更对其失败背后的原因充满兴趣。

新世纪以来，城乡差距、阶层差距拉大是不争的事实，人性与社会也随之而变形、甚至走向分裂。新现实主义的失败让试图走出象牙塔的纯文学危机愈深。2004年后，“底层文学”兴起，一度让许多作家、批评家似乎看到了文学转型的曙光。邵燕君看到了这一点，但也用冷静而理性地笔触点破了其病症：这些揭露苦难的作品背后没有一套批判现实的价值系统，这就导致再悲惨的描写也难以唤起悲剧感，无法鼓舞与抚慰人心。与此同时，“打工文学”

与“新左翼文学”兴起，与之共同形成了现实主义流变的新向度，这让人对未来或许不会太过悲观。

在后革命语境下分析完现实主义的问题后，邵燕君笔锋一转，专章论述了新海外华人作家（严歌苓、陈谦等）和“80后”作家（韩寒、张悦然等），一个是地域（空间）上的延展，一个是年龄（时间）上的存续，这对构成本世纪首个十年的文学版图显然是必要的。值得一提的是，邵燕君对热议的“80后”作家态度颇为客观，既看到了其比前辈作家的创新、进步之处，也意识到这些“热流”背后市场推动的潜在力量，并对青年作家的“孵化器”提出了冷静的思考。邵燕君还专章讲了“其他重要作家作品”，读到这里，我不禁会心一笑，这种提法当然出自研究对象难以归类、命名的无奈，但更体现出研究者的真诚与严谨。毕竟，为了保证最大范围内不遗漏问题，“无名”的指称要比浮躁地乱命名要好得多。就像太史公著书的立场，在没搞清楚事实的时候，宁可不写，也不能错写，这是做历史、做文学史的重要素养。

邵燕君在最好一章呈现了她的“拿手好戏”，多年以来深入研究网络文学她没有忘记将这块版图纳入文学主流叙述中。尽管有些人认为网络文学与研究网络文学并无价值，但邵燕君认为，“一个文学的大国需要文学人口的基数，网络文学恢复了亿万民众心中的文学梦”。毋庸置疑，网络文学借助庞大的粉丝群体与经济利润诉求建造了庞大的文学帝国，它不仅占据了大众市场，还在一定程度上代替传统文学执行了主流意识形态的职能。对于网络文学的理解应当破除偏见，从更大的理论视野来解读它。

那么，邵燕君如何为这十年盖棺论定呢？她用了“虚热浮躁、青黄不接”八个字。她固然看到了这十年文学在数量、内容与形式上的变化，但并不认为它是黄金岁月。对此，并非作家的邵燕君诉诸于更多学院派观念的自我革新，放弃纯文学的贵族式傲慢，重新与新兴文学类型联手构建一种新的主流文学，或许是祛除积弊的良药。而于我而言，我对中国文学的未来依然是保守乐观的，起码有不少如本书作者一样的批评家、学者仍在坚守文学的理想，并对书写未来文学史的人们充满希冀。从这一点上讲，邵燕君的研究与尝试，并不只为了研究故去十年的历史，更在于指向当下、指向未来。

# 知识分子的“忧郁症”

马克苏多夫自杀了，在一个基辅的春天里。

一个生前卑微的作家，在临终前宣告了自己的文学观，留下了一段耐人寻味的遗言。在浮华喧闹的莫斯科文坛，似乎并没有注意到这个年轻生命的殒灭。他将自己死因归为无际幻想引发的忧郁症，“与此有缘者无妨一读……”，在生命的最后时刻，他“书归正传”，回望了自己的一生……

与此同时，布尔加科夫开始了自己最后的“创作冲刺”，在《大师与玛格丽特》初稿交付后，这本《剧院情史》也草草结尾了。与前者的厚重宏大相比，这本小册子实在是太单薄了，却是作家一生的真实写照。身患重病的布尔加科夫深感自己来日无多，在明知不可能出版此书后却用辛辣的笔法写下了满纸荒唐，其中辛酸落泪之处，想必只有书里的主人公马克苏多夫与他惺惺相惜了。

书里书外，如同剧院舞台前后，本来就是一个世界。布尔加科夫笔下的马克苏多夫的文坛“奇遇”，正是作家自身的人生阅历的艺术再现。马克苏多夫是《河运报》社的底层小职员，出身卑微而穷困潦倒，在耗尽心血写出一部小说后却遭到了文坛同行的冷嘲热讽，因在文坛毫无地位，人微言轻的他在重重压力后饮弹自杀，命悬一线之时却被魔鬼靡菲斯特打断。在魔鬼神奇力量的帮助下，马克苏多夫的作品在文坛名声大噪，春风得意的他进入了莫斯科的上流社会。然而，外面光彩夺人的贵客们却是败絮其中，心灰意冷的马克苏多夫转而进入戏剧界，便遇见了莫斯科独立剧院的院长瓦西里耶维奇。

这位剧院院长映射了著名的戏剧理论家斯坦尼斯拉夫斯基。这位创建过独立的戏剧理论体系的文坛名宿，在《剧院情史》的故事里，被描绘成一个刚愎自用的唯我论者。瓦西里耶维奇在剧院的专制与乖戾令马克苏多夫作呕，他毫不留情地讽刺这位文坛“大师”。

然而，瓦西里耶维奇并不理会他人的评价，尤其是年轻人的新鲜思想，他对自我的迷信达到了令人捧腹的地步。马克苏多夫目睹了剧院舞台上的一幕幕荒诞夸张的景象：浮夸的女演员处处以戏剧性的方式哗众取宠，演员为了体验失火场景的惊恐而乱喊大叫，甚至院长浪费四个钟头时间十三次上舞台表演献花……布尔加科夫借小说人物之口对斯坦尼斯拉夫斯基戏剧理论盖棺论定：“如果瓦西里耶维奇的理论绝对正确，如果按他的方法演员确能获得体验角色的才能，那么不言而喻，每一个演员在每一出戏里应能唤起观众充分的想象，演得使观众忘记他们面前的舞台。”

显然，布尔加科夫对斯坦尼斯拉夫斯基的理论的批判是毫不留情的。在两位文坛名宿对文学创作的争鸣中，我们并没有必要对其中的一位作出学理上彻底的褒扬或贬斥，对此文学史与理论界自有公论，对于《剧院情史》的读者而言，我们更关心的是布尔加科夫的叙述方式与创作心态，正如他将自己的悲惨命运归咎于知识分子独有的“忧郁症”，这令人不禁要追问下去：是什么导致了布尔加科夫这种生活与创作中的症候呢？

德国思想家沃尔夫•勒佩尼斯（Wolf Lepenies）说过：“知识分子总在忧郁症与乌托邦之间徘徊。他们在幻想、忧郁、怀旧中对抗着日益复杂的社会。”布尔加科夫的晚年已处在苏联集权时代的巅峰阶段，无孔不入的阶级论令这个曾沐浴过“白银年代”的文学风潮的作家倍感忧郁，飘零寂寥的生活与日益加剧的病痛折磨着他羸弱的身体。在他对斯坦尼斯拉夫斯基的冷嘲热讽里，似乎不仅有文学观念上的冲突与悖逆，还有他对历史虚无的无助，有对岁月沧桑的感慨，更有对当时社会官僚气息的不满。

“与此有缘者无妨一读……”，面对现实世界的不满，知识分子时有矫情，文人相轻引发的酸楚楚的创作心态并不罕见，但在布尔加科夫隐晦的叙述下，更多的不是泛滥的情感，而是血淋淋的现实。知识分子的“忧郁症”多来自对自我与世界关系的认知不清，乌托邦的美好幻象在现实惨淡的图景面前显得更加冷酷绝情。但当作家彷徨于苍茫的大地上，布尔加科夫用魔幻的笔法写下了他对历史与现实的忧思，就在他还没来得及梳理更多思考的时候，他死了，就像那个卑微的马克苏多夫，在死寂的寒夜里含恨而逝，“起于泥土，归于泥土”。《剧院情史》内外的布尔加科夫，“双脚深陷在泥土里，头脑却漂浮在云端”。他能提供给我们的并不是明晰可辨的思想，只是一片烟雨霏霏的迷雾。然而，正是在这篇迷雾中，人类的灵魂才得以舒展。这种迷茫不是沮丧或绝望，相反，这是一种觉醒与解脱，布尔加科夫的“忧郁症”唤醒了自我解脱的可能，在觉醒之后的岁月里，他给我们描绘了一个美丽的梦境，然而，那只不过是不曾抵达的乌托邦的另一端。

# 苏联时期的“潜在写作”

## ——读叶罗菲耶夫《从莫斯科到佩图什基》

俄罗斯民族嗜酒如命的生活方式可谓其独到的文化生态，无论是粗糙的酒精制成的浑浊酒水，还是色彩斑斓的美酒佳酿，都可以出现在俄国人的饭桌、酒席上。

烈度惊人的伏特加，造就了俄国人粗犷豪爽的民族性格，却也会破坏一个民族的理性思维与面对复杂问题时睿智冷静的心理素质。

然而，俄国人把饮酒视为人间乐事之一，即使在前苏联国家意识形态最坚固的勃列日涅夫时期，也无法禁止官员与平民不分时地的酗酒行为。

《从莫斯科到佩图什基》这部小说就诞生在这个时候，作者叶罗费耶夫是被后世誉为与索尔仁尼琴齐名的前苏联作家，却一生穷困潦倒，作品无法出版，只能成为“抽屉文学”。直到戈尔巴乔夫执政的1989年，此书才得以重见天日。一年之后，叶罗费耶夫在病痛折磨中去世。

作为被主流社会和舆论压抑的“潜在写作”，《从莫斯科到佩图什基》在前苏联文学中无疑是个“异类”，荒谬的情节、戏谑的语言与非传统的叙述方式让它保持了迥异荒诞的文学风格。与作家同名的小说主人公叶罗费耶夫从一个通讯技术管理局安装队队长职位上被撤职，仅仅是因为他把队员们的喝酒情况用统计图表绘制了出来，惹恼了上级部门。

这个行为曝光了行政机关人员虚伪成风的习性，给叶罗费耶夫带来了灭顶灾祸，他只得乘火车只身前往小城佩图什基，去寻找他“美丽的情人和儿子”。现实生活没了指望，主人公只得借酒消愁，酩酊大醉中他产生了美妙而怪诞的幻觉。尽管小说列出了从莫斯科到佩图什基之间数十个车站的名字，但残酷的事实却是主人公只在莫斯科城外原地徘徊。

与现实世界中那些不幸的底层人民一样，叶罗费耶夫的结局令人唏嘘不已：在克里姆林宫的围墙之外被几个同样生活困顿的劫匪所杀。在临终之前，他曾喃喃自语：“不管有没有天平，反正都一样，在那样的天平上，叹息和眼泪要重于算计和谋略。这一点我比你们这些懂些什么的人更清楚……人活一世，也不就是灵魂的瞬间沉醉？或者灵魂的一次日蚀？我们全都像酒鬼，只不过每人表现方式不同罢了，有人喝得多，有人喝得少”。

叶罗费耶夫借书中人物说出这样的话，既是内心世界的独白，也是对这个荒诞世界的控诉。在一个荒诞的环境里，只有表现得更为荒诞，才能保持对这个环境清醒的认知。知识分子在俄罗斯一直扮演了一个悲情的角色，叶罗费耶夫也不例外。内心的良知令他会怀有改良世道人心的救世主心态，而占据社会话语权的人却是一群酒囊饭包之徒，残酷的现实让人绝望，这就使他采取了一种极端的方式表达内心的情绪，“后现代”式的文学创作便由此萌生。

深度模式的削平、人物形象的扁平化与小说叙事的无序混乱是后现代小说的典型特征，但在叶罗费耶夫的叙述中，荒诞叙述不仅仅是一场文字游戏与文本实验。马歇尔·伯曼（Marshall Berman）曾言：“欠发达的现代主义被迫建立在关于现代性的幻想与梦境上，和各种幻象、各种幽灵既亲密又斗争，从中为自己汲取营养”，在现代化未完成的国家里，任何有关后现代的荒诞论述本质上都是一种现实主义。叶罗费耶夫的叙述并没有脱离苏联的社会现实，而是紧紧植根于充满苦难的土地上，在他的嬉笑怒骂中，前苏联的官僚系统、威权体制与意识形态的禁锢都被具象化在烈度酒精里。

每个时代里都有人唱悲歌，总有一批人沦为历史车轮下的殷红。与其在现实里忍受哀痛，不如在一场酩酊大醉中做一场大梦。在这场不复醒来的梦里，叶罗费耶夫永远没有找到佩图什基这个乌托邦小城，而这场被压抑的“潜在写作”，是对他一生的内心纠结最真实的书写。

# 图绘现实与反噬启蒙

“我试图书写当代生存形态，镜照我们这个时空的人性与尊严。”在当代文坛沉寂多年后，刘心武在新作《飘窗》中如是说。这位曾打响“伤痕文学”第一枪的老作家，三十年来并没有忘记关注时代的变迁，历尽红学研究的沉浮起落后，刘心武带着他直击当下社会的力作回来了。学问旨在世事洞明，文章尽显人情练达，透过《飘窗》的叙述，他考量人性的眼光更加犀利与敏锐了。

“庞奇站在街口，一条街抖三抖。”红泥寺街往日的平静被这位归来的保镖打破了，他一心只要寻仇杀人。退休的高级工程师薛去疾退隐江湖，从飘窗看风景早已习以为常，却不想自己终究无法与窗外的血雨腥风隔绝。

弄不清背景的社会强人麻爷只手遮天，无论是歌厅的妈咪还是地方的官员都不得不与他沆瀣一气，而卖水果的顺顺夫妇、司机雷二峰、倒卖车票的二磙子、“文革”时期的造反派何司令、一心想升官发财的作家夏家骏等人，也只不过是在红泥街这个小世界里艰难地生存着，每个人都渴望满足自己的欲望与野心，却没有谁能挣脱游戏规则的束缚。昔日没有文化的保镖庞奇在薛去疾的教化下良心复苏，《悲惨世界》等文学名著为他描绘了一个理想主义的道德天堂，而看到他的精神教父薛去疾也不得不服从麻爷的强盗规则的景象后，这个不幸的青年终于精神崩溃，将子弹打向他的启蒙者……

难以置信的是，刘心武用17万字的篇幅，就将这幅当代“清明上河图”绘完了。其中看似纷繁复杂的故事情节，却在扣人心弦的叙述中此起彼伏，令人连连叫绝。面对百余个分布在社会各阶层的人物，作家并没有持任何价值评判，而是令他们在《飘窗》的舞台上先后登场，人生百态兼个中滋味皆由读者品评玩味。

小小的红泥寺街，那里只是窗外的一个小世界，而是一个微缩的当代中国：贪婪无耻的地方官员、一手遮天的豪强流氓、为了钱与欲望而铤而走险的妓女、嫖客与吸毒者的形象是一个基层中国社会生态的真实写照。而面对疯狂攀升的房价、分配不均的财富与停滞而固化的阶层流动，红泥街头几乎所有人都在焦虑。

“曾经阔气的要复古，正在阔气的要维持现状，未曾阔气的要革新。”沉迷在“文革”世界里的何司令幻想社会有朝一日回到他红极一时的年代，他对政治的价值判断并非出于真正的社会理想，而仅仅是为了满足虚荣心的一己之私。而留洋归来的薛恳回国创业要跟某高官攀上儿女亲家的关系，渴望在权钱勾连下为自己发大财织一张保护网。至于在底层沉沦的妓女们、流民们、小贩们，他们的生存空间愈发逼仄了。

面对阶层等级森严与秩序滑向溃败的社会乱象，一扇窗户并不能遮住现实的残酷。一向清心寡欲的薛去疾是《飘窗》里唯一带有一点理想主义气质的读书人，这位被纳入“知识分子”身份的退休工程师最终也无法置身事外。

如何直面以及书写这个日益复杂的社会，是近些年中国作家都不得不面对的沉重话题。刘心武并没有采取一般作家常用的“上帝视角”，而是把作家从高高在上的叙述旁观者的位置上拉下来，与小说里的人物共同直面现实。毋庸置疑，薛去疾身上隐隐可见作家自我的身份。那么，一个读书人在苍凉苦涩的《飘窗》世界里又能扮演什么角色呢？

薛去疾一度想拯救被麻爷利诱的保镖庞奇，在漫长的谆谆教化与帮助下，庞奇终于被感化了。但面对儿子创业失败，房子将被抵押，薛去疾也不得不向麻爷磕头求救，精神偶像的崩坏点燃了庞奇心中的仇恨，他最终把杀机转向这个曾经拯救过他的启蒙者。

刘心武对薛去疾命运的书写，似乎可以看作对《悲惨世界》米里哀主教与冉•阿让的故事的反写，作家面对时代的无力感令人悲观，但好在刘心武始终是以一个悲悯的态度看待这一切，只是“偶开天眼觑红尘,可怜身是眼中人”，作家本人也被纳入了一个被权力法则规训的体系里，除了一声叹息，他再也无法扮演一个真正的启蒙者，孰知自己是否是需要被救赎的呢？

但我们似乎也不必太过悲观，因为对于一个庞大的国家，有着复杂的历史问题与社会现实并非不能理解。同时，我们有着更加漫长的时光，可以见证一个作家的转变与升华。《飘窗》里各色人物的不幸与悲剧将归咎于谁呢？对于这个问题，作家刘心武并没有中止思考，他用锋利的笔法与悲悯的情怀，继续行走在这充满焦虑与骚动的现实土地上。

# 圣洁与罪愆

## ——读尤·奈斯博《雪人》

提到雪人，很多人回想起儿时的动画片《雪孩子》，雪人牺牲自己来灭火的故事令无数少年潸然泪下。英国作家雷蒙·布力格写过一个名为《雪人》的故事，美好的记忆、温情的画面、纯真的快乐是它的基调，虽然要面对雪人终将融化的伤感，但大概没有人会把雪人和恐怖、邪恶联系在一起。

然而，在北欧犯罪小说天王、挪威著名作家尤·奈斯博笔下，雪人被置换成死亡、罪恶的象征，成为犯罪现场的线索。奈斯博为什么要这样做呢？

这部《雪人》是奈斯博系列犯罪小说里的一本，是“哈利·霍勒警探”系列的最新作品。初雪的夜晚，小男孩从噩梦中醒来，惊觉妈妈不见踪影，院子里凭空出现一个不知是谁堆起的雪人。他当圣诞礼物送给妈妈的粉色围巾，就围在雪人的脖子上，一排由黑色卵石组成的眼睛和嘴巴在月光下闪烁，雪人凝视着屋子，仿佛在微笑……在小说里每次凶杀案发生时，雪人都会出现在恐怖的现场，让哈利警探倍感迷惑。

“初雪即将降临，届时他将再现。冰雪融化之时，他将带走另一人。你自应问：谁堆了雪人？谁会堆雪人？”当这些文字出现在匿名的纸片上时，哈利警探陷入了一场又一场惊悚的迷局里，在扑朔迷离的情节的步步推进下，哈利警探身边的每个人似乎都值得怀疑，但又无法尽快找到凶手，这让他十分烦闷。

哈利警探的烦恼还不止这些，与前女友复杂的关系、上司的刁难、频繁的噩梦、狂躁的脾气……这些都在困扰、纠缠着它，与整个案件的发展啮合在一起。透过奈斯博精妙的叙述，这些细节要言不烦，其真实性和细致性令读者大呼过瘾。

要讲好悬疑故事，尤其是要写好犯罪小说，会塑造氛围显然是最重要的，奈斯博在这点上毫不逊色于柯南•道尔、阿加莎•克里斯蒂等前辈。雪人之所以恐怖，在于它在特定环境下吻合了“恐怖谷”理论，这种似人非人的、静止的、玩偶式的东西令不少人恐惧，就像马戏团的小丑也经常出现在恐怖悬疑故事里，这是有其心理学依据的，奈斯博深谙此道，并将它发挥到了极致。每次有人被害，雪人都会出现，而雪人也成为哈利警探追踪案件的线索。

比如，在第二部结尾哈利发现冰箱藏尸的时候，设置了一个恐怖的镜头：被害人鼻骨被挖掉，凶手把红萝卜贴在上面，“雪人已然完成”。这种细节的真实、细致只有一流的小说家才会处理，那些平庸的叙述者则容易囫囵吞枣式地将所谓的“恐怖”呈现出来，而不会深究其中门道。

奈斯博塑造氛围的另一个方法是大量的性爱叙述。小说开篇就是一场激情的性爱描写，这样的叙述在书中频频出现，这或许和这些北欧作家的率性脾气和奔腾的情欲书写惯性有关，但也是出于情节和人物形象塑造的需要。每当哈利警探侦查陷入困局的时候，情欲的迸发或许是他纾解难题、寻求思路的一个转换时刻，这就让奈斯博的书写得以不跌入赘余的深渊。

另一方面，奈斯博的也采用了一些比较常规的叙述技法，比如首尾呼应、层层推进等。小说开篇写大雪纷落而下，在一片茫茫雪景中开始了恐怖的故事，而小说也在飘扬的雪花力落下帷幕，正如作家詹姆斯•艾尔罗伊所说，它“如雪一般深不可测，如贝多芬晚期的弦乐四重奏作品一般明亮而抽象，带来了高度冲突和独特的文学体验”。

# 胡河清的孤独与惶惑

1994年4月的一个深夜，胡河清在上海枕流公寓坠楼自杀，年仅34岁。这一刻，窗外电闪雷鸣，风雨大作。在他历史前最后的几个钟头里，寓所的窗外布满晚霞，随后便化为抹抹暗云。文化评论家石剑峰曾称："他寓所墙上的两句唐诗仿佛为他的离去作了注解：日暮酒醒人已远，满天风雨下西楼。"这两句出自唐代诗人许浑的诗句，此刻暗喻了胡河清命运的终结。其实，在这首《谢亭送别》里，前面还有两句："劳歌一曲解行舟,红叶青山水流急。"想必胡河清只是悟到了其中的孤独与寂灭感，却未曾料到其中谶语般的玄机。

胡河清在纵身一跃的时刻，大概没有想到他所抛弃的世界也在加速抛弃原来的模样。在那个狂风暴雨的夜晚，正处在文学理想主义的年代已经结束、而完备的市场经济社会没有建立起来的特殊时期，胡河清带着决绝与惶惑与那个怪异的时代告别。二十年后，《胡河清文集》重新结集出版（之前曾出版过《胡河清文存》），书中文字不可谓不曼妙绝伦，其灵动飘逸、丰韵博采只能是属于那个时代的文学风貌。甚至，从某种意义上讲，说胡河清的文字是80年代的文学绝唱并不为过。

胡河清的文学评论带有明显的感悟式审美分析的痕迹。与此同时，其研究与叙述的方法基本还处于作家作品论的阶段。这样一种路子在90年代后日渐被边缘化，借助西方文论和文化政治学来解读文本成为更多学者、尤其是青年学子追逐的风潮。其实，相比胡河清们，我大概也是要被算作“理论腔”，但是，胡河清的文字却是极有魔力的，仿佛他有一双参透中西文化与哲学的慧眼，凭借笔底波澜，文采斐然，而灵韵十足。

在《论阿城、莫言对人格美的追求和东方文化传统》一文中，他用“骨”“气”“慧”等概念勾连了当时正在文坛名声鹊起的几位“寻根”作家的创作与儒家、道家等传统文化的关系，今日看来，胡河清的研究路子未免“不合规范”，而且不够“严谨”，却极具可观赏性。按照其本人说法，“文学评论与研究本身也是一种再创作”。事实上，我们用今日理论观点来批评故人亦未免太过苛刻。而在《史铁生论》《马原论》《洪峰论》《贾平凹论》《孙甘露论》《汪曾祺论》等作家作品论的分析中，胡河清的生花妙笔与深刻思想更是彰显得淋漓尽致。

胡河清虽立足文学研究，却频频在文章中透出哲学思辨与美学感悟的灵光。他这种风格固然是与80年代独特的研究风格有关系，更在于他一直拥有一种打通专业壁垒以求得文学与文化融通的学术信仰，“周虽旧邦，其命维新。我们这一代的使命，就是创造中国文学的旧邦新命”，胡河清就是这样一个罕见的“生年不满百，常怀千岁忧”的青年学者，可惜天不假年，他和历史上许多不幸的天才人物一样，没能逃过“天数”而在青春时陨落。

“‘胡河清，何意也?胡，怎么能的意思。黄河怎么会清呢?你不会有世俗的福缘。’大可总结似地说。我听了不免失望。但想想古书上确有‘俟河之清，人寿几何’的说法，也不得不承认大可神断的准确。真是‘听君一席话，胜读十年书’，活了几十年，竟还从来没有发现过自己的名字竟是一句可怕的谶语!至于其他一些话，凡我过去经历过的，也几乎无一不被大可‘命中’。”

在《朱大可：文化恐龙的休蛰》一文中，胡河清曾有上述呓语般的文字。有时候我甚至想，胡河清如此聪慧且有灵气，甚至在文风中常带有预言家、巫师式的迷幻色彩，是不是真的得到过高人指点、抑或是不小心参透了天机？因为，海子、顾城等诗人亦与此类似，而他们的生命都以相似的方式走向了毁灭。

胡河清曾在《中国全息现实主义的诞生》一文中竭力引入“全息”的概念，今日观之，“全息”和那个年代曾风靡一时的所谓“系统论”“控制论”等概念相似，不外乎妄图通过一种宏大的术语来囊括正在走向分裂与复杂性的社会文化现象，实为学术界“食洋不化”后开辟出来的所谓“捷径”与“野路子”。但是，胡河清却对这种路径充满了强烈的兴趣，甚至有些“走火入迷”，这是天才创举的滥觞还是误入歧途的前兆呢？胡河清若是活到现在，又会是什么样子呢？我对此是无法判断的，毕竟，“千古文章未尽才”，二十年前那个深夜的暴雨，到底是冲洗了世间的尘垢，还是令世间更加污秽？

理想在云端

# 第四辑

# 理想在云端

# 中国年轻人失掉独立能力了吗

大学毕业后，我加入了浩浩荡荡的留学大军。虽然留学期间，我的学费、生活费基本靠学校给的奖学金支付，但还是深感自己经济不独立带来的愧疚。与此同时，我的大学同学大多踏入社会，有的选择做了个二线城市“小白领”，有的来做“北漂”，还有人白手起家追逐创业梦。但无一例外，他们几乎没人能实现财务自由，大多人工作之初还要依靠家人“接济”，尤其在大城市工作的同学，他们最初的月收入可能只能勉强支付房租。

我的同学的人生轨迹应该不是个例。中国社会的阶层分化的表征之一，就是年轻人生活命运的方式的分化。我的大学同学多数来自小城市、县城、乡镇和农村，来自大城市中产阶级家庭的孩子非常少，他们毕业后选择的生活方式也不能脱离原生家庭的影响。“二十多岁不是用来脱单的，而是用来脱贫的”，这句风靡网络的话，大概他们对此最有认同感。

但是，我的留学生同学的状况则与此完全不同。他们大多数来自城市中产家庭，也不乏各种“二代”，他们对待金钱、生活和未来的态度，显然不那么拘谨，甚至相当“任性”。我有留学生朋友毕业后选择环游世界，或者来一次间隔年的义工旅行，其消耗的经费显然只靠自己是拿不出来的，必然还有靠家人支持。比较之下，同样是经济不独立，我的大学同学和留学生同学的原因却是截然相反的。

一个是“不能独立”，一个是“不想独立”，两者看似一样的选择背后却是“冰火两重天”。面对社会舆论对当今年轻人不独立的指责，我们不可一概而论。有人认为，今天的社会是“拼爹”的社会，这句话虽略偏激，但并未没有道理。以求职为例，尤其在中小城市的体制内单位，这显然是本地“二代们”和子弟们的最优选择，甚至在某些地区，体制内的“油水多”的工作被几个有势力的家族垄断，外人很难进入这个圈子，即使侥幸进去了，也容易被“关系户”排挤、打击。这正是很多没背景的年轻人选择逃离小城市的理由之一，在舆论指责他们“不安分”“不踏实”的时候，有多少人会想到他们内心的无奈和辛酸呢？

但是，逃离小城市的年轻人就一定会获得自由和幸福吗？在“北上广深”，梦碎大城市的年轻人比比皆是，“融不进的大城市，回不去的故乡”，成了他们最真实而尴尬的写照。这些年轻人让渡出自己安稳的生活，换得一定程度的自由与对未来的愿景，但大城市繁重的工作压力、购房压力和婚恋压力却成了新的“不能承受之重”，在这种情况下，要求年轻人经济独立完全是天方夜谭。

“要面包还是要自由，这是一个问题”。但是，对大多数在城市漂泊的年轻人而言，根本无从选择，因为经济不独立，精神独立也只是个虚妄的幻想。我有朋友为了践行“逃离北上广”的理念，选择偏僻小镇“隐居”，但桃花源式的生活能让满足短暂的文艺青年的幻想，不用多久，现实的残酷就会再次袭来，而且比“逃离”前更加来势汹汹、难以抵抗。

因此，年轻人不独立，真的不能全怪80后、90后们。相比大家几乎都是“零起点”的父辈们，他们赶上了中国经济大爆发的“红利期”，也赶上了只靠读书好就能改变命运的“黄金年代”。但是，经过三十多年的财富积累，中国社会的面貌和阶层差异已不复当年，年轻人之间的竞争很大程度上也是家庭之间的竞争，这个简单而现实的道理，想必大家都看在眼里、痛在心里。

但是，这些现实的理由并不等于说年轻人靠自己无法独立，更不是说我么可以不努力、不拼搏了。恰恰是面对现实的残酷，反而更能激发年轻人的创造力、竞争力和对未来的想象力。这是一种持久而更激动人心的力量。对此，社会舆论对年轻人应多一分宽容，看清“不独立”背后的真相，不要拿着老一辈的“成功经验”数落晚辈，而要“同情之理解”。与此同时，即使面对当下的阶层固化趋势，年轻人也绝不可自暴自弃，要“摆脱冷气，只是向上走，不必听自暴自弃者流的话。能做事的做事，能发声的发声。有一分热，发一分光”，如此一来，我们才是当之无愧的英雄辈出的一代人。

# 你的优渥是他们不能承受之重

名牌大学里的寒门学子越来越少已是不争的事实。有统计显示，北大清华学生中来自农村者一度仅有一两成，李克强总理也提出要提高重点高校招收农村学生比例。寒门学子的求学、生存之路依然艰辛，比起物质匮乏带来的苦痛，他们精神上遭受的压抑、苦闷或许更加沉重、也更值得关注。

此前，有媒体报道，有些大学生入校带了一套“苹果”，而有些寒门学生入校只拎了一袋苹果。二者对比之强烈令人痛心，更让人深思。我曾有一些出自寒门的朋友，大多数来自贫穷的农村，也有少数来自城市的底层，他们身上或多或少都有着社会阶层裂变带来的阵痛。如果说，富裕家庭的学生入大学后梦想的是遨游学术海洋、享受清闲生活、海外留学等“美好青春”的话，有很多贫困学生面对的却是繁重学业之外的打工兼职、争取助学金等生存问题。他们一方面“养活自己”，另一方面可能还要把兼职赚的钱给家人用，连恋爱都不敢谈、没法谈。

虽然国家已出台多个政策给予贫困大学生资助，但在一些学校，助学金的发放、分配和等级评定就是一个棘手问题。给什么人助学金、给多少助学金固然有政策要求，可在具体实践中，争夺助学金有时却成为一场逐利之战，我的朋友就遭遇过类似不公。而申请助学金“自报家门”，甚至被搞成“哭穷大会”。如何更精准地将助学金给予寒门学子，如何避免“雪中送炭”被“校园政治”异化，如何将国家政策更大范围地惠及需要帮助的学生，都是亟待解决的问题。

经济困境只是寒门学子的困境之一，心理上的苦闷更令一些人滑向精神幻灭，甚至自暴自弃。这需要全社会在舆论、精神和道义上给予寒门学子更多关怀，即使不能从根本上改变他们的不幸，也要给他们更多的精神慰藉。不要总用“逆袭失败”“白富美嘲弄”等网络话题，来刺痛他们。

大学毕业后，寒门学子将面临更加严酷的考验。如今，很多青年就业“逃离小城市”，甚至“只选北上广”，原因恐怕不只是所谓“追求梦想”，而是因为大城市工作机会更多，也没有小地方盘根错节的关系网。但是，大城市的高房价、高物价成了他们“生命中不能承受之重”，别说寒门学子无力购买房子，就是普通中产阶层的孩子也“深感沉重”。由此一来，仅仅是大城市的高房价就会“逼走”绝大多数寒门学子，而“返乡”或“走异路”的他们就一定会有幸福的人生吗？面对贫困子弟“越来越窄的人生道路”，两会上若有有识之士能提出破解之法，将对改变他们的人生处境大有裨益。

现在，一个农村孩子恐怕很难理解《小时代》里的“青春感”，一个出身优渥的青年或许也很难因看《平凡的世界》而感动落泪，这种差异折射的是阶层间不可逾越的鸿沟。青年在一个时代风潮的变化中往往“春江水暖鸭先知”，尤其是草根青年的精神状态对此尤为敏感，这就要求我们从精神和物质层面给予他们更多切实的帮助，凝聚更多社会共识来关怀他们，这也是我对本次两会与相关改革政策的些许期待与希冀。

（本文原发表于《中国青年报》2016年3月3日2版）

# 女生回乡创业关“北大”标签何事

在北京求学、生活十年后，四川姑娘徐璐返回故乡什邡创业，成为一名普通快递公司的老板。这本是一个典型的“北漂返乡”故事，这样的事例在我们身边并不罕见。不过，在媒体报道中，徐璐身上还有一个与很多返乡青年不同的标签：北大新闻系毕业生。

或许，正是因为“北大女毕业生回乡送快递”这样颇具反差色彩的“敏感话题”，徐璐的故事成了引爆新闻舆论的热点，一时间引发坊间各种评论。然而，据查证，徐璐上学时北大并没有设立新闻系，她是否真的具有北大本科生身份仍然存在疑问。

尽管如此，某媒体将这个故事简单概括为这样的标题：把“能扛百斤快件”与“北大女毕业生”两个概念并置于一起，颇有夺人眼球之功效。在我们的一般印象里，名校毕业（尤其是北大、清华这样的顶尖名校）的学生应当有比较辉煌的职业生涯，即使不在仕途、经济、科研等领域成为佼佼者，也会成为大公司的白领，起码是体面、舒适的“脑力劳动者”。

然而，在此新闻描述中，徐璐被冠以“抗百斤快件”的形象概念，会让人自然联想到含辛茹苦、栉风沐雨的“体力劳动者”形象，这的确与公众心目中的北大毕业生形象差距甚远。

徐璐毕业后曾在北京一家知名科技公司和房地产公司工作，薪水也相当可观。后来，因为丈夫在老家什邡，加之要照顾年迈的父母，徐璐选择了回乡。在老家什邡，徐璐不喜欢按部就班的生活，便选择了做快递创业，现在，既当老板又当快递员的徐璐觉得“在什邡一家人的生活更加温馨”。

我们日常对社会现象的观察中，或许会不自觉地对他者加以标签化的描述，毕竟这是简单地理解世界的方式。

然而，在很多情况下，事物的本来面貌并非“铁板一块”，哪怕一个很细微的概念，也由驳杂的原因生成。我们想要搞清楚一个问题，需要非情绪化的立场、缜密的推理与严谨的分析，最终才能得出一个相对客观的结论。

拿“北大毕业生”的标签来理解徐璐的职业选择，显然并不客观。如果联系上之前“北大学生弑母”“北大毕业生卖猪肉”等事例来“炮轰”北大学生（乃至扩大为名校学生）的“堕落”，更是不理性、没有价值的探讨。

不管是不是真的毕业于北大，徐璐返乡做快递创业，是根据自身条件、家庭情况作出的理性选择，也是一个励志故事的模板。徐璐的“回归”也是一种当前青年职业选择“有平常心”的体现。

“眼底未名水，胸中黄河月”，尽管北大精神引导学子“胸中有丘壑”，但这不等于毕业生应“眼高于顶”，而不屑于、无能力去做一些看似低微的工作。

在青年的人生规划中，无论是选择“逃离北上广”，还是选择栖身大城市，理性、冷静、踏实地选择、规划或许才是最重要的。当然，我们也不应该、更没必要指摘他人的职业选择和人生规划。

（本文原发表于《中国青年报》2016年3月16日青年话题版）

# 别让天才少年毁于父母的疯狂

“仲永之通悟,受之天也。其受之天也，贤于材人远矣。卒之为众人，则其受于人者不至也。”《伤仲永》的故事常以不同的版本上演，这似乎已成为不少“少年天才”难逃的宿命。不过，有不少“望子成龙、望女成凤”的家长依然希望孩子在某方面拥有超凡天分，这也是不争的事实。据《中国青年报》最新调查，54.5%的受访者认为媒体对有天分的少年的报道过于拔高，71.2%的受访者表示媒体报道有天分的少年应当就事论事，不要给孩子贴标签，61.5%的受访者认为家长应该保护好孩子的兴趣。

其实，在某领域拥有天分的少年并不罕见。除了孩子的智商由基因决定外，孩子的心智成长与生活环境密不可分，这也是书香门第多培养出早慧“神童”的道理所在。比如一代鸿儒钱钟书，在孩童时代就表现出过目不忘的惊人记忆力，因其少年得志难免轻狂，时常口若悬河，任意臧否，其父钱基博训导他不可恃才傲物，还改其字为“默存”，钱钟书幸而没走方仲永的老路。不过，有这等理性和智慧的家长并不多见，这也造成了不少少年天分“半途夭折”。

“每个少年成名的孩子背后都有一个疯狂的家长”，这句话虽略偏激，但并非毫无道理。在成年之前，孩子的成长需要多方面的影响、培养和诱导，不只是靠天分成长，更不可只在鲜花和掌声中成长。曾经遭受挫折，体会过失败的苦楚，适度的“逆境成长”

有利于孩子心智的健康。许多“少年天才”最终成了方仲永，不是因为得到的良好教育太少，或者天分突然消失，而是因为成年后不能适应社会、不能独自面对复杂的生活局面。事实上，激烈的社会竞争是综合素质的竞争，而不是在文史、艺术、自然科学等个别领域技能的比拼。在“短板效应”下，他们突出的天赋反而限制了自己全面发展，有人过度迷恋对天赋的依赖，逐渐丧失了适应社会的能力，甚至患上抑郁症，这实在令人扼腕叹息。

鲁迅先生曾讲，“现在被骂杀的少，被捧杀的却多”。“天才少年”古来有之，而能得健康成长又何其难？不要“捧杀”有天分的少年，当是媒体、舆论和教育者理性的态度。一方面，这需要家长对待孩子的天赋时，固然不必刻意打压，但也不能“揠苗助长”，只纵容孩子发挥天分而不重视对其智慧、人格的综合培养。另一方面，媒体也不该动辄将“天才”的“高帽子”戴在还未成熟的孩童头上。尽管“贴标签、赚噱头”能制造热点新闻，引来舆论关注，但或许会给孩子带来不可估量的“捧杀”伤害。有天分的少年走出“神童光环”，能更理性地看待自己的天赋与缺点，这或许才能避免更多“天才少年”走向“泯然众人矣”的悲剧。

（本文原发表于《中国青年报》2016年3月30日青年话题版）

# 谣言想象背后的社会现实

“没有调查就没有发言权”，这是众所周知的道理，但在今天这个信息爆炸的时代里，能辨明各式消息之真伪并非易事。据相关媒体调查，不实新闻报道、人身安全、食品安全等方面的谣言占据了微信朋友圈谣言的大部分。

事实上，这些谣言之所以能“走红”朋友圈，不只是谣言本身带有的强烈欺骗性造成的，也与它符合某种社会现实与群体想象有关。比如，“龙虾不是虾，而是一种虫子”的谣言一度影响很大，甚至有不少长辈看后表示不会再吃龙虾了。难道这是因为大家都丧失生活常识和基本判断力了吗？

或许事情并不是这么简单。在“毒奶粉”“毒馒头”“污染大虾”“污染鱼”等食品安全问题频频曝出后，许多人宁可相信“狼来了”的传言是真的，也不会有耐心去考证这条消息的真实性，更不可能有强烈意识去辟谣了。可以看出，谣言之所以能在朋友圈里“大行其道”，首先是由传播者、参与者对其强烈认同造成的，这样的认同或许来自自身错误的判断，但对谣言传播的信息却造成了文过饰非的结果与夸大的宣传，也即，谣言与我们的主观情感对社会想象的投射密不可分。

但是，仅仅归咎于制造、传播谣言者也是不确切的，谣言的传播也与其本身特点有关，其内容的重要性和特征的模糊性在很大程度上决定着这条消息能否“走红”。试想，一个普通读者大概不会对非洲某次饥荒死亡的确切人数感兴趣，其数字无论真伪都不会再朋友圈里流行，因为它不是“那么重要”。然而，我们却对身边新闻十分敏感，比如哪条公交路线要改撤、地铁路线和站点规划等消息，就是因为它对我们“比较重要”。

在另一方面，谣言叙述的精确与否也影响着它的传播效果。比如，“肯德基用6个翅膀8条腿的怪鸡做鸡翅”这条谣言，就是因为制造了精确的数字才令不少人信服，若不加以辨别，还真以为这个数字是媒体调查的结果呢。然而，其事实上却是谣言制造者刻意设置的“圈套”，就像讲故事有生动可信的细节更吸引人，谣言也因带有“细节”描述而令不少人上当受骗。

因此，在我们接触朋友圈信息时，应多一分理性的辨别意识，少一分盲目的“随手传播”；多一些对于道听途说的传言的怀疑态度，少一些简单却错误的主观情感投射，才能更好地区别何为真实，何为想象，进而使朋友圈的谣言数量减少到最低。

（本文原发表于《中国青年报》2016年4月7日青年话题版）

# 学生“赶论文”不全是不爱学术

临近高校毕业季，论文写作相关问题再次成为舆论热议的话题。近日，《中国青年报》一份调查显示，在高校毕业生人群中，78.1%的受访者承认临近毕业“赶制论文”现象较多，而50.7%的受访者认为这已经不能体现论文的价值了。

其实，多数大学生“匆忙对付”毕业论文，并非因对学习态度不认真所致，而是迫于就业现实压力，有时候不得不采取“折中的办法”。在我的硕士同窗里，就有人为了全面“备战”毕业季的各种就业招聘，不得不在毕业论文答辩前夕花一两周的时间就草草完成了论文写作，因此前时间和精力大多花在找工作上，其论文质量自然难以保证。但是，仅仅将这种现象归咎于学术态度不严肃，无疑是以偏概全。

“士之读书治学，盖将以脱心志于俗谛之桎梏，真理因得以发扬”，潜心于学术、科研本来是大学生的本职事务，对治学拥有浓厚兴趣、虔诚信仰的青年学生人数也不算少。但是，并不是所有人都可以心无旁骛地从事研究工作，相比“饭碗”及相关的买房、落户、成家立业等现实问题，搞学术研究的人愈发被看成“自由而无用的灵魂”。由此一来，毕业论文在某种意义上也就变味了。与欧美国家大学严格把控毕业论文质量不同，中国的大学生基本还是“严进宽出”，完成毕业论文更像是一个“过关式”的行为，而不是对学业、研究的“筛选式”测验。事实上，不少导师也深知学生就业之难，现实压力之大，也不会在论文通过与否上刁难学生，既然导师们“睁一只眼、闭一只眼”，学生们就更不会把毕业论文写作、答辩看成无比重要的事了。

正是基于这些现实理由，“赶制论文”成了不少学生择取的毕业“捷径”。我不禁想追问：谁该为这种现象承担责任呢？又有什么办法可以破解“就业/论文”对立难题呢？

首先，国家相关政策与此问题息息相关，当前刻板的应届生就业政策应得到灵活转变。对中国学生而言，“应届”与“往届”毕业意味着就业方式的不同，应届生可以参加校园招聘，往届生一般只能参加社会招聘，而校园招聘中就业机会较多，社会招聘则要求应聘者拥有一定的工作经验。也就是说，一旦学生因论文未完成、未通过而错失了应届生就业身份，也就无法参加校园招聘了，只能被动地面对更加艰难的社会招聘。但是，在欧美发达国家，包括我国的港澳地区，高校毕业生延期毕业十分常见，甚至一年内有两三次毕业的机会，而招聘单位也不会因学生延毕与否就来判断该生的水平。事实上，很多留学生选择“间隔年”来做志愿者、做义工，甚至环游世界，就是因为不受应届生政策约束才得以“潇洒”，才得以追寻内心的梦想。然而，在当前国内僵硬的就业政策面前，“以梦为马”的年轻人们只能背负着现实压力趁早求职，“赶制论文”也就难以避免了。

另外，高校学生应该及时转变观念。比如，在读研读博初期，就应该想清楚自己毕业后的发展方向，是专注于研究、升学为主还是以求职、就业为主。若是前者，应孜孜矻矻于学术，不要三心二意；若是后者，应灵活处理学术和就业的关系。一方面，还是要好好读书，打好业务的基本功，但平时也要多实习、多关注就业信息；另一方面，可以提前开始写作毕业论文，不要等到临近毕业才“急就章”，甚至耽误了自己找工作的时间和精力。在社会就业政策不能改变的时候，在适应规则后结合自身实际选择一条最合适的道路，也未尝不是明智之举。

（本文原发表于《中国青年报》2016年4月21日青年话题版）

# 允许兼职兼薪，大学老师可以不再“哭穷”了吗

近日，中共中央办公厅、国务院办公厅印发的《关于实行以增加知识价值为导向分配政策的若干意见》（以下简称《意见》）指出，允许科研人员和教师依法依规适度兼职兼薪，包括允许科研人员从事兼职工作获得合法收入和允许高校教师从事多点教学获得合法收入。（新华社11月7日）

这条消息一经发出，便在学术圈里引起了不小的讨论。有人连连叫好，也有人心生忧虑，其中的理由是不言自明的。此前，我经常听到大学老师抱怨收入不高，这个在外人眼中十分体面的职业，似乎在经济报酬上并不尽如人意。

其原因何在？其实，也不说高校老师和科研人员收入就低，在不同机构调查评测的职业收入排行榜中，他们的收入水平至少都还在中上等的层次，加之福利待遇相对较高，综合来看，还是相当不错的职业。但是，学术研究需要投入大量时间、精力甚至金钱，其物质回报周期长，仅从现实因素考虑，其投入产出比例偏低，这在文史类研究中体现得更为明显。

与此同时，高校教职等级和收入水平呈正相关，相比知名教授的富裕、稳定，高校青年教师、青年研究员的薪酬并不高。我有一位博士毕业后在北京某知名大学任职的朋友，他月收入才五六

千多元，如此收入水平在北京只能满足个人生存，更谈何买房、养家，他的情况应该不是个例。

基于这样的现实情况，此《意见》发布后，起码允许高校教师可以获得课外的合法收入了，对很多“哭穷”的老师来说，这无疑是“久旱逢甘霖”。不可忽视的是，在《意见》发布前，高校老师课外兼职，对学术圈的人来说，已经是“公开的秘密”，有一些人早就从事了兼职兼薪，《意见》只不过是从政策上对这类行为予以了认可乃至鼓励。

正如《意见》所称，科研人员在履行好岗位职责、完成本职工作的前提下，经所在单位同意，可以到企业和其他科研机构、高校、社会组织等兼职并取得合法报酬。鼓励科研人员公益性兼职，积极参与决策咨询、扶贫济困、科学普及、法律援助和学术组织等活动。

比如，某北京高校教授受郊区某乡政府邀请去做法律普及的讲座，适度收取了演讲费，这算是公益性兼职；他接受了当地某企业的顾问请求，为其商业行为提供智力支持，并获得了高额报酬，这就算是经营性兼职。而后者的不公开性决定了其身份的隐蔽性，这正是兼职界限的含糊性所在。

对此，在《意见》的具体执行中，很多问题的确面临着精细化、具体化的需要，这就要求各单位应结合自己的实际情况加以实施，切忌“一刀切”和“走形式”。既要遏制高校教师、研究人员兼职过多影响本职工作的现象，同时也要保护好其个人合法权益、收入来源不受侵害。

目前，有关高校教师编制、收入等领域的改革都在有条不紊地进行，高校改革也要与市场经济的发展接轨，这是学术界内外的共识。

“象牙塔”并非不受社会影响的世外桃源，这一系列改革的动作，其指向在于让科研成果更好地服务于社会、服务于人民，并给予学术、科研工作者相应的物质激励，若政策落实合理、得当，这无疑是一个双赢的事情。

（本文原发表于《中国青年报》2016年11月9日青年话题版）

# 国民偶像的嬗变意味着什么

“生活使我们各自要企求一个能够足以信赖的、生活上的向导。”爱尔兰文豪萧伯纳曾如是说。不同时代有不同的偶像崇拜，但这些拥有强大感召力的美好形象，都铭刻在不同代际人群的记忆里。

回溯当代中国偶像形象的历史变迁，毛泽东时代的国民偶像，许多在岁月的长河里历经淘洗而存留至今。无论是做好事不留名的雷锋、舍身救列车的欧阳海，还是黄继光、邱少云，他们都有鲜明的英雄主义和理想主义形象。简而言之，这一时期的偶像人物，普遍具有道义性、稳定性和膜拜性的特点，带有“克里斯马式”的超凡魅力。

首先，他们在道德、行为上是完美的，是充满革命斗争精神的，是舍己为人、毫不利己的。其次，其“高大全”式的形象是不容置疑的，伟岸形象和崇高地位不容撼动。另外，其形象往往被冠以光荣、神圣、伟大等宏大意象，而常人却不可能是完美的，这就容易让人自觉、自发崇拜偶像人物，甚至将之神化。

之所以会出现这样的偶像崇拜，显然与那个年代的政治、社会、文化现实密不可分。一方面，年轻的共和国需要崇高的英雄人物，他们曾为国家和社会进步牺牲奉献，代表着社会主义的价值观。另一方面，多数偶像形象借助官方推动来传播，形成了声势浩大的全民学习高潮。比如，1963年3月5日毛泽东亲笔题词“向雷锋同志学习”，这一天便成了学雷锋纪念日。由此，崇拜雷锋不只是个人情感的诉求，也是集体性、政治性的运动。此外，彼时信息生产、传播方式较为单一，社会价值观也不够多元、开放，自觉选择单一形象的偶像并长期维护偶像的权威性，也就成了十分正常的事情。

改革开放后，国民的偶像形象逐渐发生变化。20世纪80年代，传统偶像形象和新兴偶像形象的重叠、碰撞始终存在。一方面，“向科学进军”“实现四化”等带有官方色彩的话语，进入了偶像形象的塑造，学者陈景润、钱学森、舍己救人的大学生张华等知识分子的形象，成为新的偶像崇拜。在另一方面，邓丽君、费翔等港台歌星成了年轻人热衷追捧的人物，而这显然与市场经济在大陆的兴起有关。

而20世纪90年代以降，商品经济大潮席卷神州，国人的偶像也发生了巨大的变化。与先前偶像形象的稳定性不同，如今的偶像多数只能“各领风骚三五年”，层出不穷的偶像令人眼花缭乱。这是为什么呢？德国哲学家本雅明曾用“光晕”的消失来描述技术进步后艺术品价值的消解。其实，在商品化、利润化的资本市场面前，偶像的精神价值也会逐渐消弭，尤其在网络时代，原来的偶像形象被大量复制、传播，高不可攀的形象逐渐步入寻常。

在今天，无论是自媒体“网红”，还是流行的歌星、影星，都可以成为偶像，不同的人群也有各自的偶像。社会价值观日渐多元和开放，每个人心中的“英雄”都有独特的定义，它时常与别人的观念、集体的要求不产生关联。当然，多元不等于混乱，开放不等于没有主心骨，传统的价值观塑造的偶像形象，依然在社会中扮演着重要的角色。

在我的朋友里，不少90后青年也会为白芳礼、丛飞等“感动中国”人物的事迹洒下热泪，在面对这些偶像人物时，我们不再采取匍匐膜拜的姿态，而是用他们的精神引导日常生活。或许“六亿神州尽舜尧”是困难的，但在生活里乐善好施、在工作中兢兢业业，这些优点却是容易从偶像身上习得的。

（本文原发表于《中国青年报》2016年4月22日青年话题版，较原文略有修改）

# 见义勇为的内涵不只是一纸凭证

如果悲剧已经发生，相关部门依然以“不鼓励”为理由，拒绝给其荣誉证书，也多少有些不近人情。

因见义勇为而不幸亡故的少年及其家庭应得到何种补偿？每逢类似事件发生，这个话题就会引发舆论聚焦。近日，江苏句容后白镇的农民江志根的“心愿”引发热议。16年前，他12岁的独子江伟华为救人溺亡于水塘。江志根求助了很多政府部门和相关机构，要为儿子拿到“见义勇为”荣誉证书。尽管政府已经为他陆续发放了十多万元的抚恤金、补助金，但因为不鼓励未成年人见义勇为，不颁发见义勇为证书，江志根对此并不满意。

理性分析江志根和政府双方的态度，似乎都颇有道理。丧失独子对农村家庭的打击无疑是毁灭性的。另据了解，当年被救者及其家庭对江伟华的行为并不认同，家庭的破碎、旁人的冷漠和经济的贫困，让江志根的心结愈发严重，他说：“我的儿子救人死了，为什么没有表彰决定？为什么得不到见义勇为证书？”救人身亡和残酷现实密不可分，所以他的“偏执”言行也是应当被理解的。另一方面，官方不提倡未成年人见义勇为也是合理的，少年连自己都无力保护的时候就去救人，最后救人不成还搭上了自己的性命，这样的悲剧并不少见。正因此，社会舆论和官方态度才从过去推崇少年舍己为人转向先自保再救人，这既符合未成年人的身心成长的现实，也是社会宽容度、开放度加强的体现。

但是，如果悲剧已经发生，相关部门依然以“不鼓励”为理由，拒绝给其荣誉证书，也多少有些不近人情。江志根渴求的见义勇为证书绝不是其子荣誉的“一纸凭证”，而是对他十多年来心结的慰藉与破解。

在舆论关注中，不少人对江志根的不理解源自对概念的混淆，“抚恤补助”和“见义勇为荣誉”不是一回事，前者有物质但无“救人”之“名”，后者尽管无“实”却有“名”，只有荣誉到了，才算是“名至实归”，内心的“被冤枉”、得不到认可的痛苦才会逐渐消弭，这正是江志根的思维逻辑。如果不从这个立场上看，就很难理解他对见义勇为证书的痴狂追求。

在理解的基础上，能不能找到更合适的方法来化解江老汉和官方间的矛盾呢？不能给见义勇为荣誉证书，官方的理由是“不提倡未成年人见义勇为”和“事迹不突出”。前者“不提倡”不意味着“事实发生后不承认”。如果为救人而死都得不到一个“承认”，这会让当事人和认同舍己为人精神者心寒；至于后者，更是一个无法被量化的概念，如何断定事迹是否突出？是否只能是相关部门说了算？官方态度在网上引发了不少人质疑、批评甚至臆测，涉事部门及早清晰、诚恳地给予江志根积极回复也有助于澄清事实、消弭杂音。

（本文原发表于《中国青年报》2016年5月17日青年话题版）

# 上古大洪水之争为何能引爆舆论

近日，世界著名学术刊物《科学》发表了一篇题为《Outburst flood at 1920 BCE supports historicity of China’s Great Flood and the Xia dynasty》的论文，旨在以公元前1920年的黄河流域的大洪水来论证大禹治水传说的真实性，进而认为二里头文化就是夏文化的遗存。此观点在考古学界、历史学界立即引发了剧烈争议，网络论坛、微博、微信中也有不少人加入了讨论。耐人寻味的是，为什么一篇领域冷门的学术论文竟能引起公共舆论的关注？

在我看来，此论文观点触及了至少两个舆论的敏感点，这也是国民心理的敏感点：夏的存疑与西方话语。进而，也能推导出两个重要问题：中华文明到底有几千年？西方对中国历史的偏见能否矫正？

我们还是先来看看第一个敏感问题。尽管《史记》开篇的《五帝本纪》《夏本纪》《殷本纪》对上古史有简略的叙述，但西周之前的历史脉络一直混沌不清，不过，自孔子之后的正统历史观念都没否认过夏朝世系的真实性。直到20世纪20年代，以顾颉刚为代表的古史辨派开始彻底否定夏朝和五帝的存在，认为这只是后世反向推演的人物，甚至动摇了整个古代史体系。在当时，这样的论述堪称奇特，也符合新文化运动的革故鼎新的理念需求。

西方史学界也长期不承认夏朝的存在，甚至直到安阳殷墟甲骨文被发掘后，他们才发现商王世系与《史记》记载基本吻合，才承认商朝的存在。但是，除了古籍记载，夏朝得不到考古学的证实，甚至连商代甲骨文都没有关于夏朝的只言片语，这样很多人无法相信《史记·夏本纪》的记载。

尽管中国学术界对二里头与夏的关系尚有争议，但这篇论文把二里头文化和夏王朝划上等号，就证实了夏的存在，这就意味着中国信史的起点推到了大禹和夏初的时代，并且这观点得到了西方学界权威杂志的认可。

根据论文所述，研究团队模拟重建了在青藏高原边界发现的一处远古滑坡坝遗址，并证明了因滑坡坝形成的堰塞湖崩溃时，瞬间倾泻而出的洪水造成了黄河下游的改道和绵延的洪灾。巧合的是，这次溃堤与中原文明的文化转型事件在时间上十分吻合，这与大禹治水的传说恰好对应。

鉴于地质学和考古学证据，研究团队将上古洪水事件精确定位在公元前192228±年，这个结论无疑是惊人的，这也是论文引爆舆论的关键点：如果结论是真实的，则意味着夏朝的起点是前1900年左右（最早也要在前1920年代了），但这与先前国人的认知并不相符。

20世纪末，鉴于古埃及、古希腊等文明都能有上古的信史年表，中国的夏商周断代工程开始启动，这既是学术界的大事件，也是国家意志的体现。根据天文学、考古学和古文献的证据，断代工程把夏朝起点定在前2070年，这个结论随后也写入了中学历史教科书。但是，断代工程的结论在国际上遭到了一些质疑的声音，这篇《科学》的论文又把夏朝起点推后了两百年，又缩短了中华文明的信史长度，这自然会引起国内一些人的不满情绪。

对于将“伟大民族”情绪寄托在考学学、历史学研究中的心理，固然可以理解，但仍要将严谨的科学论证、学术研究作为唯一准绳，动用道德情绪反而是无意义的。对于夏朝起点和文明时长的问题，我们既不必妄自尊大，更不必妄自菲薄。

中华文明之所以伟大，绵延千年而不绝，靠的不仅是“文明古国”的天然“优势”，还在于每次遭遇危机后都能浴火重生。古埃及在4700年前就建起了高大宏伟的金字塔，但其后却被波斯、马其顿、古罗马、基督教文明、伊斯兰文明相继占领，兴起于5500年前的古巴比伦文明也早已湮灭，可见古老并不能完全与伟大、永恒划上等号。从大禹治水开始，数千年来，无论是天灾人祸还是外敌入侵，都没能中断中华文明的演进，反而愈发强大，这才是真正值得国人骄傲的。

（本文原发表于《中国青年报》2016年8月9日青年话题版）

# “网红”直播与集体窥私心理

7.1亿网民，3.25亿看过直播，这是中国互联网络信息中心截止到2016年6月的调查数据。近半数网民都观看过网络直播，“网红”的一举一动都被摄像头外的千万双眼睛盯住，当然，他们的直播也会获得粉丝的“打赏”，有人调侃称，“这跟在动物园看猴子时扔个香蕉没什么区别”。

此前有调查显示，看直播的人大部分都是二三线城市的“宅男”青年，另外，农民工和土豪群体也是直播的忠实粉丝。这些人把大量时间、精力消耗在观看直播上，为的是消解无聊、压抑的情绪，且能获得一种与“网红”面对面的快感。

为什么这样的娱乐、消费模式如此“走红”？在我看来，排除一些技术因素，这主要在于迎合了大众的集体偷窥心理。在我们过去的认知中，只有明星（影视、娱乐明星）才会拥有大量粉丝，但粉丝能见到明星的门槛颇高，想跟偶像面对面“接触”就更是天方夜谭。但是，“网红”模式从交流模式、受众观感上都相比传统明星模式拥有了更好的体验感。在这个过程中，“明星-粉丝”的模式中常见的隐私公开化、“八卦”文化也进入了“网红-粉丝”模式中，表现方式就是，“网红”只需要直播自己的日常生活，就可以得到粉丝的打赏，“网红”的表演难度飞速降低，观看者的精神快感却没有下降。

相比“网红”在T台、电视节目等公共空间里的表演，粉丝对他们在私人空间里的日常生活显然更有兴趣。尽管“网红”未必真的会展露自己的生活隐私，但粉丝却在网络直播间的密闭空间里寻找想象中的快慰。大多“网红”只是直播自己吃饭、喝水、聊天、唱歌，“过分”的表演可能包括换衣服、热舞等，他们大多能紧紧贴住法律规范的边界来“满足”粉丝的需求，粉丝们也会给予相应的“打赏”回报。

“网红”直播中的窥私心理还在于通过集体获得了一种安全感。自己的隐私得不到保障当然会没有安全感，但如果能得到别人的隐私却会满足控制欲，这大概是人性的劣根性。但“网红”直播模式却泛滥了这种控制欲，尽管它可能只是存在于观众的狂野想象中。

尽管网络直播模式双方的关系是“一对多”，但从观众角度看，其实就是与偶像“一对一”的关系，能极大程度地满足粉丝的窥私心理，这正是网络直播的“妙处”，正符合消费时代的情感需要。正如丹尼尔·贝尔所言，在今天，隐私可以像消费品一样进入大众文化的需求中，它不再具有过去的庄重和严肃，而是成为消费者可以购买的产品。

正因此，观众窥视“网红”直播日常生活时不会有道德的负罪感，反而会用更多的“打赏”鼓励对方做出更“刺激”的表演。在双方互动的过程中，“网红”得到了众星捧月的快感和物质回报，消费者的感官与情感需求也得到了满足。只要没有违背道德伦理和法律规范，双方各取所需，这种新生的消费模式也无可厚非。

（本文原发表于《中国青年报》2016年8月17日青年话题版，较原文略有修改）

# 迎向知识付费时代的灵光

如果说90年代的中国人认为金钱最重要，新世纪初的人认为时间最珍贵，那么今天这个时代无疑是信息最珍贵。信息不对称带来的学习、生活、工作上的困扰在今天格外突出，在这种情况下，网络问答社区“知乎”推出了首款付费看答案的产品“值乎”，“在行”APP也推出了付费语音问答应用“分答”，随着一些公众人物和知名机构入驻分答，让公众对其的关注热度居高不下。无论你是否接受，知识付费的时代还是到来了。

根据《中国青年报》社会调查中心的数据，有63.6%的受访者支持为知识付费，73.9%受访者会为了获得某一问题答案而付费。不过，仍有不少人对在网上“购买”知识不适应，甚至认为毫无必要。

事实上，知识付费是信息时代的必然趋势。有人担心知识付费会造成网络知识用户间因经济因素而不平等，其实，互联网对知识的普及化程度一直在加深，我们获取各类信息也更加容易。但是，信息的数量不等于知识的深度，知识付费所对应的信息服务主要是后者。

在我看来，网络提供知识的模式大致有两种，一种模式以信息全面广博为特征，而另一种模式则追求信息的深刻前沿。前者的典型就是维基百科，其内容之丰富、资料之翔实常令我大开眼界，它简直就是人类知识的文献综述。但是，尽管其内容更新很快，但维基百科这类网站仍是静态的知识提供者，而无法针对具体问题做出深度分析，这类模式也多采用免费服务，信息上传和分享者并不求经济回报。

与之相对，现在更多人已经无法满足于机械的信息提供，如果想知道的东西在百度、谷歌上能轻松查到，知识精英也就不存在了，而这显然是违背社会常识的。对那些渴望得到更前沿信息的人来说，有针对性地付费获取知识，无疑是最佳选择。

知识是静态的，而知识的演变趋势却是动态的。能捕捉知识动态的往往是这个领域的专家、业界精英，这个能力目前机器无法掌握。因此，我们看到的“分答”和“知乎”上的付费问题，有很多与话题前沿趋势有关，回答好这样的问题必须基于对相关领域的深入研究甚至人生经验。

“2016年下半年中国经济会是什么情况？”“富二代创业是怎样一种体验？”“作为成功人士，你认为哪些能力最重要？”对于这样的趋势类、经验类问题，静态的知识网站只能提供一些数据、事例、图表，而知识付费后可以获得信息动态趋势的分析。即使在古代，为了捕捉常人难有的“高端”信息，也有刘玄德三顾茅庐这样的故事，更何况在信息时代的今天呢？这种基于专业和经验的趋势分析显然是最珍贵的，知识付费的魅力正在于此。

当然，因为互联网世界有去中心化的特征，在知识问答中众声喧哗也在所难免，但是，虽然过去唯一的权威消解了，但在学科分化、专业行凸显的今天，无数知识树的分叉点上也都有各自的话语权威，由此产生了众多网络“大V”。

在知识付费中，“大V”的影响力远远超过普通回答者，在“分答”最初邀请的回答者也都是各领域有名的“大V”，即使是普通人注册，也要明确注明“身份”和“擅长话题”，否则很难吸引别人来提问，自然也就难有收益。

正如美国学者曼纽尔·卡斯特在《信息时代三部曲》中指

出，信息时代的人群会逐渐分成互动人口和被动人口，前者参与知识生产和创造，后者只是被接受信息。知识付费里的“大V”们就是拥有组织和发布知识能力的群体，他们会逐渐取代传统的教师、长辈、书本甚至静态知识的权威，这个趋势恐怕难以避免。

不过我们也不必担心这个趋势会造成社会群体的分裂，因为在完善的市场经济中，知识付费就像网络购物、找家教辅导功课一样，是一种符合契约精神的等价交换。如果你渴望获得前沿信息，那就拿出相应的价格来购买；如果你想借此盈利，那就努力成为某领域的精英人物，靠自己的知识和经验为更多人提供帮助，从而也实现了自我价值。

只是，在这个演变的过程中，国人想适应知识付费可能还需要一段时间，毕竟我们的知识保护意识还相当匮乏，对信息时代的大势也不够敏感。在拥有从“大V”那里获取知识的权利的时候，我们也该尽相应的义务。事实上，一定程度的经济会回报也会促使“大V”拿出更多独家的“干货”以飨读者，这个过程显然是两方双赢的。

（本文原发表于《中国青年报》2016年7月27日青年话题版，较原文略有修改）

理想在云端

# 第五辑

# 理想在云端

# 既要读万卷书，又要行万里路

初入大学之时，前来“密授”大学生活经验的师兄告诉我：大学前两年务必要好好读书，不要想着去做什么实习，更别着急赚钱，要跟社会保持一定距离。总之，要踏实读书！这位优秀的前辈现在已经成了学术界小有名气的青年学者，他的确践行了沉潜读书的理念。

不过，同样在我入大学之初，也有几个筹划创业的师兄找到我，向我面授“玄机”：大学是向社会的过渡阶段，要多找实习机会，尽快适应社会现实，别做书呆子！这几位前辈后来在家乡真把创业搞起来了，据说还成了当地的青年“创业之星”。

现在回想起来，这两种前辈的告诫都各有道理，尽管我当时选择了前者指引的道路，但我对在大学时代就能拥有出色实践经历、成果的同龄人，始终抱有尊重和钦佩。不言而喻，在大学时代，处理好课堂学习和社会实践、实习的关系，这并不容易。我见过不少同学，“眉毛胡子一把抓”，一会在图书馆翻翻书，一会又在外面“闯荡”，最后两边都没做好，一事无成。那么，在这对关系里，如何选择和实践，才是更贴切的呢？

这显然不能一概而论。不同专业、不同个体乃至不同层次的学校都决定了这个问题没有标准答案。先说说专业问题。众所周知，基础性学科和应用型学科对学生的培养模式大不相同，即使在一个学院里，对学生的教学和培养方式也大不相同。以山东大学文学新闻传播学院为例，其中既有偏重理论教学的中文专业，也有偏重实践的新闻专业。

作为中文系科班出身的学生，我深感大学四年中实习内容之匮乏，我们把绝大多数时间都用在了读书、课堂讨论、写作论文上，某种意义上讲，专业属性就要求我们“坐而论道”，它本身也不具备强烈的实践性。只是到了大三后期，学校会要求学生去实习，或听从学校安排，或自主选择。中文专业本身没有实践倾向，这时候就需要学生自己明确职业规划了，或师范教学方向，或新闻出版方向，或公务员、文秘方向，可谓五花八门，难以归类。但新闻专业的同学的实习、职业规划之路就比我们清晰得多，因为其专业决定了他们的职业归属，就是从事新闻媒体工作。这样具体细致的方向使新闻系学子在大学初期就容易找到未来的成长之路，因此，他们在大一、大二的时候就会去各大报社、网站实习，很多人在毕业时已经具备了丰富的媒体人从业经验，这显然是与早期大量的实践分不开的。

但是，某些偏理论化的专业的同学也会对此抱有偏见：你们虽然实践多，可你们读书少呀！尽管这观点有偏激之处，但也不无道理。大量的课外实践必然导致对读书投入的时间、精力的压缩，这几乎是无法避免的。

不过，正如前文所述，不同专业的属性决定了学生的发展方向，新闻类专业本来就是应用型学科，偏重实践而非读书无可厚非，但中文专业的学生如果荒废了课堂学习，就失去了日后立足于社会的技能。因此，在讨论读书还是实践前，还要看看专业属性。除此之外，偏重课堂学习还是课外实习也要看个人的性格、兴趣等因素。并非每个人都适合端坐在书桌前研究学问，也有很多人对大量的课外实习感到无聊乃至厌倦，这都要结合个人实际情况来定，切忌“一刀切”。

还有一个因素时常被人忽视，就是学生所在的学校的因素。

这其中又可分为学校层次和所在城市两个因素。毋庸置疑，名牌大学能给学生带来的实习机会、人脉资源是普通学校无法类比的，很多普通学校应用型专业的同学就会苦于实践机会的匮乏。

与此同时，学校所在的城市也影响了课外实习的层次，毕竟大对数优质的实习机会都集中在“北上广深”这样的一线城市，而其他城市的学生就很难拥有这样的实习机会，除非利用寒暑假去实习，但这也不是每个人都有条件做到的。

因此，对偏重实习的应用型专业的学生而言，学校和城市因素在牵制他们的发展，这背后是资源分配不平衡的问题。比如，我有在地方城市念新闻系的同学抱怨，平时只能在当地党报实习，做些无意义的“打杂”的事情，这显然违背了课外实践的本意。不过也应看到，这个因素对基础学科的同学影响相对较小，比如，地方师范学院中文系学生考研“逆袭”北京名校学生的例子，可谓比比皆是。

正如古人所言，“读万卷书，行万里路”，我们谈论读书和实践的关系，并不是要把它们割裂，而是要从个个体需求、专业属性和学校情况等因素综合判断。对这个问题，我没法给出一个明确的答案，只要能选择一条适合自己的大学成长之路，就是最好的道路。

（本文原发表于《中国青年报》2016年9月23日青年话题版，较原文略有修改）

# 先生走了，老板来了？

“天降下民，作之君，作之师”，在中国人的传统观念中，导师的职责在于“传道、授业、解惑”，他们庄重、严厉，导师具有不容置疑的权威身份，甚至国人还有“一日为师，终身为父”的观念。某种意义上讲，古代中国人对“父亲-导师-君王”的尊崇、忠诚形成了三位一体的模式，这显然与西方的观念有所不同。

尽管西方也有尊师传统，但“吾爱吾师，吾更爱真理”的理念从古希腊时期就有了，这种追求创新突破、能接受被质疑、否定的导师形象也融入了西方文明的基因。当中国近代西学东渐以来，来自西方的新导师形象、身份就在冲击着国人的传统观念。

众所周知，古代读书人的人生进阶只能依靠科举制，遍布民间的私塾是国人受教育的主要来源，因而，私塾先生在教育中扮演了重要角色。正是因为私塾先生的身份和受教育者的仕途、命运紧密结合，对一些缺乏“耕读传家式”教育的孩子来说，一个出色的教书先生犹如再生父母，“哺育-感恩-回报”的模式成了当时最常见的师生关系。但是，在欧风美雨的涤荡下，私塾先生的知识和教育观念变得陈旧、迂腐，清末民初，越来越多的人抛弃私塾，进入新式学堂学习西方现代文化。

在这种特殊的历史机缘下，导师的身份也产生了微妙的变化。一方面，有些老先生固守旧文化，“先生”的身份在他们身上得以保留；另一方面，教授西方科学、政治学、伦理学、哲学、文学的导师成为新文化运动的推动者。比如，在“五四”前后的北大，既有陈独秀、李大钊、胡适这样推崇新学的导师，也有辜鸿铭这样的守旧派，当然，新旧不是决然对立的，如“清华四大导师”的梁启超、陈寅恪、王国维和赵元任，都是学贯中西古今的大师，他们都是民国知识界的翘楚人物，与其说他们是传授知识的老师，不如说是传播、创造新文化的精神领袖，在这个进程中，中国导师的身份也由授业“先生”向知识分子转变。

新中国成立后，导师的身份和形象经历了剧烈的变化，他们曾经是培养革命接班人的“蜡烛”“园丁”和“鼓手”。改革开放后，伴随“四化”建设的强烈需要，各行各业的导师再次走上历史的前台，出现了知识分子眼中的“科学的春天”。导师身份在20世纪80年代的变化之迅猛，恐怕连那些时代的弄潮儿都没能料到，大批陈景润式的业界专家成了国人追捧的偶像，整个社会都充溢着浓郁的求学风气。我称之为“泛导师时代”，也就是说，有知识、有专业技能的人才都是大家心目中的导师，或许他是电视节目里讲英语的主持人，或许他是通读过西方文学史的青年，只要能让人学到新东西，他们就拥有导师的光环。

如今看来，这种罹患知识饥渴症后的“恶补”，实在是特殊历史条件下的产物。90年代以来，随着市场经济大潮涌来，大量知识分子感到了前所未有的失落感，在金钱面前，有些人再次慨叹“知识无用论”。在这种情况下，导师们不得不考虑自己的所学、所教能否改变学生的物质生活、现实处境，能追求“自由而无用的灵魂”的美学、文学、哲学等人文学科导师被逐渐边缘化，经济、金融、理工等专业的导师逐渐成为舆论的焦点。

大概在世纪之交的时候，叫导师“老板”的学生越来越多，据我观察，这个称呼应该是从海外留学生圈子里兴起的。因为在欧美发达国家，将学术科研成果投入生产、经营的模式早已有之，这也是完善的市场经济制度下的必然产物。

“老板”来了，“先生”走了，很多人对此颇有偏见，甚至认为这是读书人的耻辱。其实，对这个现象不能一味说不，要看到其存在的必然性和合理性，“学以致用”本身也是教育的功能之一，相比人文学科导师的“坐而论道”，大量理工科、经济学的知识就是要转化成现实生产力的，这也是其学科存在的合法性来源之一。在社会分工愈加细密的情况下，导师的身份也不可能、也没必要单一化。既要尊重能孜孜矻矻于深奥学术的导师，也要理解那些能“变现”、懂经营的导师。我反对的是那些不尊重学生、浮躁地追求功名利禄的人，只要他的研究有助于推动社会进步，有助于帮助学生增长能力，他就是值得尊敬的好导师。

# 有创造力的青年不该“逃离北上广”？

10月17日，百度公司董事长兼首席执行官李彦宏现身中国科学技术大学，在现场演讲中，被问及是否支持年轻人“逃离北上广”时，他认为，真正有创造性的年轻人而言，他们还是应该到这些大城市。李彦宏的一番言论在网上引发了不小的争议，有人为他的“正能量”点赞，也有人批评这是已经功成名就的“大咖”“站着说话不腰疼”。

所谓“逃离北上广”，本质上是青年是否选择在大城市工作、发展和定居的问题。在我的记忆里，从舆论一致认为大学生就业难、大城市房价高的时候开始，这个问题就浮现了，多年来，尽管大家对此争议不休，还是有很多年轻人选择留在了大城市，这恐怕是一个不争的事实。

那么，既然多数人已经“用脚投票”了，为何李彦宏的话依然能引发争议、甚至批评的声音呢？因为，很多人看似是心甘情愿的留在一线城市，但实属无奈。一旦“逃离北上广”，回到家乡小城市，等待他们的也不一定是桃花源式的恬静生活。

我有一位在北京靠写作谋生的朋友，在圈子里已经小有名气，他就来自中部省份一个贫穷的小县城，他曾跟我讲，自己并非不想回家过上安逸的日子，只是回家后会立刻失业，根本找不到合适的工作。他曾打趣称自己原先的计算机专业，若回到家乡小城，只能去开网吧。这般无奈并非只体现在这位朋友身上。不愿意回家乡，主要还是因为小城市的就业机会稀少、发展前景渺茫，兼有“关系户”众多，想靠个人奋斗来实现理想，可谓难上加难。

正如北大社会学系的冯军旗博士在《中县干部》中所讲，“政治家族”在当地相当普遍，占据了各部门的重要职位，令人触目惊心。家族政治对基层权力的垄断，固化了原有的社会阶层，令普通家族出身者更难凭借才干获取政治前途。这一困难不仅是政治仕途上的，在基层生态的多个方面，也有圈子化、板结化的问题。至于青年凭个人之力来创业，更缺乏良好的土壤和环境。

按照李彦宏的说法，有创造力的年轻人在大城市，能够接触各种各样的人，能够接触到最新的产业趋势和技术上的革新，甚至是一些理念方面的东西。

我不否认这种看法的合理性，但是也应看到，青年群体并非铁板一块，不是否选择留在大城市，归根结底，还是由自己的性格、专业、兴趣、职业目标甚至家庭因素决定的，简单地将其分类、模式化，进而评头论足，是没有太大意义的。

但是，在个人选择之外，在“走”还是“留”的问题上，社会也应该为之提供自由而稳定的环境。就以李彦宏口中的创业者为例，当他们回到小城市后，地方政府应出台有效政策帮助他们。

但在目前，有创业者表示，在有些地方的政策中，针对某项政策具体负责落实的部门也不明晰，“有关部门”的提法让他们很是“迷茫”。除此之外，还有融资政策难落地、创业政策服务缺乏针对性、扶助创业“走过场”等问题，这都是年轻人回到家乡后面对的“拦路虎”。

在另一方面，小城市公权力被滥用、利益网盘根错节的现实，也让不少青年人连连叫苦。从近年情况看，“逃离北上广”后，在家乡反而遭遇了更大的困难，只好“重返北上广”，这样的故事可谓层出不穷，其中问题值得我们深思。

（本文原发表于《中国青年报》2016年10月19日青年话题版）

# 比“地图炮”更可怕的是舆论暴力

要问什么样的事件最易引爆网络舆论，本身具备争议性的新闻“段子”则最为可能。相较过去，广大网民的素质已有很大提高，面对信息全面、记录详细的新闻事件，大多人还能作出理性判断。但是，如果新闻发布者断章取义，甚至刻意扭曲事实，网络舆论走向偏激也在所难免。

近来，又有新闻事件验证了这个道理。前日，在北京地铁四惠站的一幕场景撕裂了群体舆论：在一段短视频中，一名地铁女工作人员对一名来自外地的男乘客出言不逊，尽管现场嘈杂不堪，但还是能听到“臭外地”等带有辱骂性的字眼。此事一出，立刻在网上炸开了锅，舆论几乎一边倒地批评那位地铁工作人员，还有人“现身说法”，纷纷列举自己在大城市遭遇歧视的经历，地域差异引发的“地图炮”频频发出。

不过，和那些最后被反转的新闻一样，经过调查，此事的真相也令人愕然。原来，当时车厢里已人满为患，外地男子勉强挤上了车，但他的行李和孩子还在车外。为安全起见，地铁女工作人员希望他能下车，因帮忙拽包手还被划破了，但男子不下车，车门附近乘客也纷纷指责他影响公众乘车，男子无奈下车就破口大骂该工作人员，其言辞之丑陋，更甚于“臭外地”这样的回应。

由此看来，该工作人员还是因维护秩序现场秩序、安全才与外地男子发生了口角，尽管她不该用“外地人”这样的字眼对待乘客，但乘客不遵规则、出言不逊，却是错误在先。无论如何，舆论都不该只批评、甚至辱骂该工作人员，既然双方各有错误，舆论就不该对其中一方格外偏向。

吊诡的是，即使媒体澄清了这场争吵的来龙去脉，网络舆论依然躲在“炮轰”该工作人员，甚至认为过了好久才公布“真相”是“阴谋论”。大家为何对此如此敏感，即使面对事实也难以克服内心偏见呢？

显然，此事件的确触及了很多人的极端“敏感点”。即使这次争吵首错在外地乘客，但很多人由此回想起了自己的相似经历，毕竟，外地人容易遭遇本地人的无端歧视，这大概是舆论的共识。

犹记得2010年世博会，我在上海地铁里就亲眼目击了一次争执，一名外地游客不慎踩了别人的脚，对方知道他是来看世博会的，就破口大骂：“要不是你们这些外地人来了，地铁里也不会这么拥挤！”对方一听也勃然大怒，两人最后竟扭打在一起，十分难堪。相信很多人都有过类似亲历或目击经历，但这并不意味着本地人都素质低，更不意味着外地人就该被外地人歧视。归根结底，这是因为个别素质低下的群体抹黑了整体的好形象，但其流毒深远，让不少外地人形成了对本地人整体的坏印象。

这种初次印象一旦形成，若没有机缘加以改变，便逐渐形成了固定的认知模式。加上舆论的渲染，自己的心理和网络舆论引导合流，便让这种偏见根深蒂固了。同理，除了个别素质低下者，本地人对外地人的偏见也多来自自身经历、周围环境舆论的影响，这个过程是不自觉的、非理性的，但却是影响深远的。

正因此，“地图炮”拥有了舆论的土壤，在种种相关事件的催化、发酵下，我们对地域歧视似乎已经丧失了本能的批判与反抗，甚至更激进者认为“地域黑”理所应当。人人平等本应是现代社会的常识，但是，因地域差异造成的经济不平等、利益分配不均和生活质量不同，很容易让一部分人产生强烈优越感，而另一部分人则容易深陷“被偏见”之中，他们是最敏感的一类人，也是最容易受伤的群体。

事实上，来自不同地域、本地抑或外地，只是我们的身份标签之一，这是与生俱来的，用网络调侃的话来说，这是“投胎”问题。它与能靠后天努力改变的财富、学历等问题不同，对地域、出身的偏见是野蛮的观念，并不符合现代社会的文明特征。在农耕时代，多风调雨顺的地区比灾难频仍的地区更利于人生活，地域之间的确有天然形成的差异，形成“中原/蛮夷”的落后观念在所难免。但在市场经济时代，经济相对落后的“外地人”为“本地人”提供了廉价劳动力、广阔的市场，不依赖地域间的协同合作，大城市的经济“胜出”是不可想象的。

因此，于情于理，“地图炮”都是现代社会不该出现的。与其在网上发泄自己的偏见与怨气，不如冷静反思自己思维、言论是否合理。与其跟风、盲从那些充满戾气的网络言论，不如成为反击舆论暴力、追求事实真相的一员，这正是我们的社会更加包容、和谐、进步的表现。

（本文原发表于《中国青年报》2016年8月16日青年话题版）

# 别对名校硕博进中学教书大惊小怪

这两天，一条人大附中招聘中学教师的消息在朋友圈“走红”了。在今年人大附中招聘教师公示名单里，16人中有9名博士、7名硕士，其中3人是名校“海龟”，其他人也都毕业于北大、清华、人大等国内顶级名校。不少朋友不禁慨叹，名校硕博真是越来越“不值钱”了，只能屈就中学去教书了。

其实，名校硕博毕业做中学老师，早就不是什么“大新闻”。犹记得六七年前，就有中科院博士来我的高中母校任职生物老师；而在三四年前，一位北大中文系的老师曾对我说，“要是我的博士能进北京名牌高中教语文，老师们都会替他高兴！”像北京、上海、天津等大城市的名牌高中，近年招收新教师的“门槛”升到了名校硕博，这种现象并不令人意外。

之所以舆论对此现象反应敏感，主要源于两个心理：其一，在读的硕博生有强烈的“代入感”，愈发对当前就业难感到焦虑、甚至绝望。毕竟，只有极少数名校毕业生才有机会找到好工作。其二，很多家长、中学教育工作者，对人大附中等名牌高中抢占各种资源愤愤不平。当下，中学师资力量、教育资源分配不均衡，各种优质资源被名校择取，无疑是对普通中学学生的不公平。

在不少人看来，博士毕业进高校、科研机构本来是最优选择，毕竟中学教育是基础教育，未必适合潜心高精尖学术研究的博士去做，甚至会让有些人觉得多年求学“书白读了”。深究之，舆论揣测当事人心理时混淆了一对概念：高中老师和名校高中老师。

实际上，相比进入三四线城市的一些普通高校，很多博士更乐意在大城市的顶级高中教书。以北京为例，若能进入人大附中、北大附中等校教书，不仅能解决北京户口问题，在物质收入、社会地位、孩子教育、人脉等方面也前景可观。另外，从历史上看，“牛人”在高中教书也不是今天才有的事情，民国时清华国学院毕业的李鸿樾曾受业于王国维、梁启超、赵元任、陈寅恪、李济等名师，毕业后回到故乡在浏阳公学、长郡中学等校任教。这样的例子并非个案。在国外，即使欧美国家的名校博士毕业生，能进大学教书的也只是一部分人，博士毕业从事各种工作都很正常。从某种意义上讲，名校硕博选择当中学老师，也与中国基础教育水平提高有关。相比之下，20世纪80年代大量岗位人才欠缺，大学生供不应求，反倒是社会发展水平不高的体现。

值得注意名校硕博生争当中学老师背后一个令人焦虑的问题是：教育资源分配的严重不平衡。与名牌高中的“火爆”相反，很多小城市、乡镇的中学招聘，难以吸引到优质毕业生。一方面，很多年轻人囿于现实因素不愿意从事中学教育；另一方面，普通中学教师待遇低、保障不到位、社会地位和职业发展前景不好，这些因素都让不少有“教师梦”的年轻人望而却步。耐人寻味的是，与我们的常规印象不同，人大附中招聘的老师里，反而没有师范科班出身的人，而在北京名牌高中，死板应付高考、“填鸭式教育”的路子早已被抛弃，但是，大量普通中学的学生依然要指望高考应试打“翻身仗”。这种校际、地域、城乡的差距，又岂是简单的求职和教育问题呢？

（本文原发表于《中国青年报》2016年6月2日青年话题版）

# 读名校，读的是什么？

上个月，马云在澳门大学演讲时讲到一个亲身经历的趣事：不熟悉的商界精英见到他，总是问，您是耶鲁大学商学院毕业的吗？马云嘿嘿一笑，接着便回答："不好意思，我是杭州师范学院毕业的，不过我手下有不少耶鲁毕业的员工。"马云的故事固然励志，但也不可否认，社会各界精英如马云这般非名校出身者毕竟是少数。近年来不同版本的高校毕业生酬薪排行榜上，名列前茅的都是我们熟知的那几所名校。比如，北京大学今年公布的《毕业生就业质量报告》显示，北大毕业生第一份工作平均月薪为12217元，远超平均水平。而以长远眼光来看，名校能培养出的杰出校友、社会精英人数也远超普通高校，不得不说，这些现实中的成功范例是名校最大的吸引力之一。

为何名校会有如此大的能量？法国思想家布尔迪厄在《国家精英：名牌大学与群体精神》中认为，教育机构被资本和权力划分为一个个场域，学生在名校中也直接受到社会精英的垂青和赏识，学习能力与文化资本、社会资本正相关。尽管他分析的是法国教育的问题，但在今日中国，这些观点及其背后的现实依然深刻而残酷。这也是从中学时代，老师、家长们就要求学生"削尖了脑袋往名校钻"的道理，即使考不上名牌本科，也要通过考研、考博来实现名校梦，这似乎是很多上进青年的共同心理。

然而，读名校一定能让人成功吗？读名校，到底是为了读什么呢？当然，我们得先界定成功的涵义。成功并非世俗意义上的功成名就，而是自我价值的拓展与实现。以我的经验来看，读名校并不等于一定能自我实现，好的环境只是一方面，还需要靠艰苦的自我奋斗。但不可否认，名校的确有助于让自己梦想成真。

正如斯坦福大学的校训“the wind of freedom blows”（自由之风永远吹拂）所言，自由开放的校园环境和读书氛围是名校的共同特征。读名校最重要的在于能获得一种先进的思维方式，这显然与名校的深厚的文化背景、前沿的知识视野和活跃的校园文化息息相关。在北大中文系，本科阶段老师们就会要求学生养成研究性思维和创新性思维，在解读一个文本、一个文化现象时，不能照本宣科或拘泥于旧有的观点，甚至连课堂授课也不发统一教材，鼓励学生独立思考。而在很多地方普通学校，授课教材陈旧不堪，对付考试死记硬背即可，学生创新性思考也很难得到鼓励。“士之读书治学，盖将以脱心志于俗谛之桎梏，真理固得以发扬”，名校推崇的这种教育理念可能颇具理想主义色彩，但“得其大者兼其小”，青年体会到仰望星空的美感后，看待世界和人生的视野也会大大拓展。

对于讲究实践的学科而言，名校能提供的实习机会也是普通学校没法比的。如果将来想从事媒体工作，人民大学的新闻专业自然是首选，因为有很多业界的中坚人物、优秀前辈都是自己的师兄师姐，进了这样的“圈子”，实习、求职的难度也就不大了。但是，对于很多非名校的学生而言，即使有新闻理想和热情，如果找不到好的实习锻炼的机会，很容易将一腔热血辜负。事实上，在每年求职季中，非“211”“985”的学生比名校学生面临更大的压力，所谓“就业难”也主要指二本、三本群体，据我观察，“北清复交”毕业的同学普遍能找到不错的工作，名校能提供的就业支持相当可观。

尽管学生的发展根本在于自我奋斗，但不能忽视环境对人的影响。读名校的好处还在于能拥有优质的同学圈子。比如，名校多有“一流学生、二流老师、三流管理、四流硬件”之说，暂且不管后面几条是否正确，一流的生源是不可怀疑的。在名校，追求优秀早已成为习惯，同学之间会逐渐形成相互学习、砥砺思想、各取所长的良性循环。水涨船高，在这样的氛围里读书，自己也不可能沉沦。而在不好的环境里，追求上进可能反而成为异类，甚至被“圈子”边缘化。“学霸，又去上自习呢”“一起来打游戏吧”这样来自身边同学“友好的质问”十分常见，长期以往，人就很容易被环境同化了，本来有禀赋的学生也容易“泯然众人矣”。

（本文原发表于《中国青年报》2016年6月2日青年话题版）

# 网络语言为啥就不能进词典

网络语言进入词典会损害汉语纯洁性？如此质疑声音在近年不绝于耳。《中国青年报》近日调查显示，89.6%的受访者会频繁接触网络用语，66.9%的受访者平时会使用。57.5%的受访者认为网络语言是互联网时代的必然产物，62.1%的受访者建议将有意义和创意的词汇收进词典。

与几年前相比，人们对新出现的网络语言的“容忍度”在不断提高，但依然有很多人从“捍卫汉语”的立场上批评网络语言的“入侵”。毋庸置疑，将新鲜词语写入词典，就意味着将其经典化，网络新词也就正式进入了规范词的序列。其实，我们没必要对各种“生猛”新词大惊小怪，网络语言进入词典是语言发展的必然趋势，不仅不会损害汉语本身，还会助其与时俱进。

面对最“古老”的一批网络用语，很多人都已习以为常。在我的记忆里，“MM”（美眉）“斑竹”（版主）“out”（落伍）“灌水”“楼主”“菜鸟”这些网络流行词最早出现在90年代，在很多人还没“触网”前，它们就存在了，并成为最早的一批90后的常用语。新世纪以来，中国网民人数激增，如今已将近7亿，其中大半都是年轻人。追求时髦、好奇、有创造力是年轻人的天性，在广大青年网民的推动下，网络语言“走红”是必然的。为了能和年轻人更好地沟通，更多人加入了这场创造、传播新词的狂欢中。加上近年智能手机的普及，出于工作、联络关系等需要，过去很多不上网的中年人也玩起了微信，既然进入了互联网的圈子，接纳网络生态下孵化的新语言也就成了必然的趋势。

那么，网络词汇真如某些人认为的那样肤浅不堪吗？当然，任何新鲜事物都是有糟粕的，经时间淘洗后，网络新词的精华部分也就浮现出来了。事实上，不少网络词汇的内涵颇有深度，也符合这个时代年轻人的精神状况。比如，“囧”字在2009年前后特别流行，本意为“光明”，但在网上成了表达“郁闷、无奈”的意思。我和我的朋友都很喜欢这个字，年轻人要发泄压力、表示对现实的不满，但又不想呈现戾气，便可采用这个形状可爱且内涵丰富的字。

与此同时，网络新词的产生也是网民集体智慧的结晶，造词方法和很多词典里的经典词汇一样，或来自典故，或来自简缩、变形等方法。比如，“打酱油”“躲猫猫”“战五渣”“快到碗里来”等词背后都有一个故事，颇由“内涵”。同样是表示无奈的意思，“呵呵”“然并卵”“十动然拒”“城会玩”等词来自就辞变形或缩用，不仅是网络流行用，还进入了年轻人的日常生活。

其实，即使是我们耳熟能详的很多词语，也曾经是遭到质疑的新词、怪词，甚至是错误的读音、用法。比如“呆板”原本读作“ái bǎn”，但大家总是把第一个字读成“dāi”，为了尊重大众习惯，最后干脆把原本错误的读音当成规范用法。更不用说，“社会”“政治”“阶级”“经济”这些词都来自境外，是近代中国面对西方文明冲击后，将日本用汉字翻译西语的成果直接搬来的。如果汉语不接纳新鲜血液的话，这个古老文明的载体很可能就在历次文明革新时逐渐湮灭了。互联网文化带给汉语的将是千年未有之变更，面对新事物的冲击，理应以开放、包容的心态视之，故步自封反而有损汉语的博大兼容。

（本文原发表于《中国青年报》2016年7月20日青年话题版）

# 为什么是这些话题引起众声喧哗

套用一句现在的流行语，“一言不合就开撕”的现象充斥在互联网世界中，相信几乎每个网友都在朋友圈、网络论坛中遭遇过各类话题的争执。尤其在微信群聊中，总有个别人不顾及其他群友的感受，特别喜欢在群里就敏感话题大发“真知灼见”，只要别人跟他观点不同，严厉批评的“板砖”就要拍上来，对这种现象，很多时候真是防不胜防。

这些话题到底有什么“魔力”，竟能引起如此争执？在我的观察中，最容易引爆舆论的话题多是本身充满争议的新闻事件。这类新闻一般都有悬而未决和反常态两大特点。比如，魏则西事件发生后，网上舆论纷纷声讨百度是骗子公司的“帮凶”，但也有人从法律角度理性分析信息检索技术服务是否有违法之处。但是，网络争议往往始于分裂，终于偏激，更多人加入讨论后，争议逐渐演化为“我也被百度伤害过所以要抵制百度”的极端化讨论，这样的讨论自然是无聊而无意义的。

反常态的新闻事件同样会引爆舆论。今年上半年最火的“网红”之一莫过于papi酱，我不用登陆她的视频主页，微信群里就能看到别人分享她的新作。有人喜欢她叛逆的姿态、夸张的表演和接地气的语言，但也有人批评她做作而无聊，在网上搜索“讨厌papi酱”也不比“喜欢papi酱”的内容少太多。

而且，很多人不接受papi酱是因为不能接受她“轻松”赚到大钱的事实，这的确与过去常识性认知不同，papi酱第一次视频广告贴片拍卖就得到了2200万人民币，差不多是起拍价的100倍。但是，你不可否认这是年轻人赚钱和自我实现的新方式，只要不违背法律和道德未尝不可。吊诡的是，当广电要封杀papi酱的消息传来后，同样是这些人从批评papi酱转向批评广电，甚至是借此事宣泄内心对舆论管控的不满，这就违背了网上讨论的本意，距离理性的争论也越来越远。

还有一些与生活中切身利益有关的话题同样容易引起争执。相比敏感新闻事件，这些话题“长热”，与现实生活连接更紧密。比如，春节期间“上海女逃离江西男农村老家”话题之所以“走红”，根源在它切中了当前地域差异、阶层差异、性别差异带来的矛盾，有人从中找优越感，有人却倍感歧视，争吵在所难免。

值得注意的是，有些敏感话题还有性别“专属”，比如，有关政治、历史的敏感话题总是能在男性间引发争执，而有些话题则更易在女性间“开撕”，比如明星、影视剧的各种八卦话题。

要深究这些敏感话题引发争执的原因，大概还不能用某些人素质低来定论。各方信息不对称、缺乏精准沟通能力都是引起无营养讨论的因素。打过辩论赛的朋友都知道，“论而不辩”是一种无效的讨论，只是表述己方观点而已，甚至尚未针锋相对，就开始给对方“扣大帽子”。“我虽然不同意你的观点，但我誓死捍卫你说话的权利”，尽管这个道理众人皆知，但在现实中能理性平和面对敏感话题争论扔非易事。

（本文原发表于《中国青年报》2016年7月22日青年话题版）

# 灾难记忆如何进入历史叙述

唐山大地震已经过去40年了，汶川大地震也是8年前的事情，但国人一提起灾难便会自觉想起这两场灾厄。尽管造成的生命和财产损失不同，但自然灾害每年都会发生。灾难从来没有在历史记录中消失，但真正让后人能铭刻并进入国家历史叙述的却并不多见。

群体记忆的生成，不仅仅是灾难事件传播的自然过程，也是舆论引导与干预下的产物。李泽厚称中国崇尚“乐感文化”，并非由于国民生计多有风调雨顺，纵观古往今来的国族历史，其多为多灾多难的艰难行程，而非美学叙述下的田园牧歌。只不过在累累白骨之上，我们的先人便学会了苦中作乐，学会了对灾难的选择性遗忘。

在讲究“天人感应”的古代，灾难往往被看作上天对尘世的警告，帝国的拥有者对此无不心悸，甚至要下“罪己诏”来安抚民心。就像1626年（明熹宗天启六年）的“天启大爆炸”破坏的不只是帝都的安宁，也在心理意义上动摇了王朝统治。在摇摇晃晃的人间震荡后，明清易代的大变局也随之而来。这场被后人反复叙述的灵异灾变，成了明史上耐人寻味的一页，也是寻常巷陌间时常被谈起的古代灾厄故事。

事实上，“天启大爆炸”并非明帝国伤亡最惨重的灾难，1583年（嘉靖三十四年）1月23日，“华县大地震”造成至少83万人罹难，震灾波及大半中国，其破坏力之大、造成伤亡之惨重皆堪居世界灾难史之最。但今人却少有人知晓这场骇人的天灾，在历史学家眼中，这也不是一段很重要的史料。原因何在？嘉靖年间，明帝国内部虽已有僵化老朽之态，却仍未及日薄西山之时，在世人眼中，帝国统治的衰落与灾难的发生不构成必然联系，这点恰与“天启大爆炸”相反。

在国家的宏大叙事里，灾难可以被看作社会管理失误甚至失效的表现，也可以被描述成国族团结与集体抗灾的崇高故事。这依赖于灾难发生时的特殊形势，也有赖于官方的话语引导水平。群体对灾难的记忆往往是短暂的，不出一年半载，灾难发生时的惊悸与痛感就会几近消失，除非国家叙事中反复讲述、描摹甚至强化这个记忆。

在我看来，灾难记忆铭刻进入历史的方式大概有三种。其一，将灾难记忆和政治叙述结合起来。比如，唐山大地震和汶川大地震是被反复提及的两场灾难，除了“天灾不可防备，人祸本可避免”这样的心理，这两场灾难得以成为历史转折的节点，还在于它们都被纳入了国家政治文化演变的叙事中。国人在回望1976年大变局的时候，或许没法将震灾体验与政治变局完全割裂开。

而在风起云涌的2008年，汶川震恸与奥运叙事交织在一起，抗震救灾与多难兴邦的叙事合流（比如“汶川地震——震出一个新新中国”），奥运叙事背后的“大国崛起”之梦和抗震救灾背后的“万众一心”情怀，皆为2008年民族主义情绪大喷发的症候。与之相反，同样伤亡惨重的1975年河南板桥水库溃坝事件、2010年玉树地震等事件，则逐渐从国人记忆里淡出，多成为灾难当事人和历史学家脑海里的往事，就是因为它们未能与政治话语结合。

正如德国学者扬·斯曼在《文化记忆》中所说，身份认同与记忆的存留也息息相关。比如，非洲某些地区频发的饥荒、瘟疫同样骇人，却很难引起国人对本国灾难一样程度的关注，就是因为我们对非洲难民缺乏身份认同感。而发生在本国甚至身边的灾难却很容易引发群体共鸣，比如2007年济南“7.18雨灾”后，每年夏天暴雨袭来，济南人普遍都会想起这场雨灾。虽然它地伤害程度比不上那些更大的灾厄，但在“济南人”这个相对封闭的身份里，它的影响力就会剧烈扩大，成为市民记忆里挥之不去的阴影。

另外，新媒体传播也加深了灾难记忆的程度。过去灾难事件只能依赖官方媒体的报道，而这种报道难免是有倾向性、有选择性的。但随着近年微博、微信等自媒体的兴起，只要你拥有一台智能手机，灾难的现场图片、视频可以在第一时间传遍网络，在这些信息（甚至是恐怖的图像、视频）的刺激下，旁观者便有了身历其境的感受。这种感受经过时间沉淀就成了记忆，记忆在我们的口耳相传中不断变形、凝固，甚至内化成一个民族、一个时代的精神创伤。

灾难进入历史记忆后，能让我们回想的或许不只是惊悸与震恸，而在于一种理性的反思。尤其是那些被我们逐渐忘却的灾难，在那些游离于国家主流叙事以外的灾难，其中又折射出何种人性与现实？

（本文原发表于《中国青年报》2016年7月29日青年话题版，较原文略有修改）

# 比“奥数热”更头疼的是背后的畸形竞争

每年暑假都有小学生“奥数热”的新闻报道，今年也不例外。奥数班究竟有多热？上海有媒体称，上奥数班已经成为部分小学生的暑假“标配”。甚至有孩子上了7个奥数班，而上5个、6个奥数班的孩子也不在少数。

忙着在假期上奥数班当然不是今天的孩子的“特例”。作为一名90后，有关奥数班的童年记忆令我难以忘记。不过，大概是自己缺乏数学天赋，这些记忆并没给我带来多少快乐，我丝毫感受不到鸡兔同笼、追及问题、火车相遇等数学题的奥妙。中国科学院院士张景中曾指出，只有5%的人适合学奥数，大多数人都不适合钻研数学。众所周知，奥数是奥林比克数学竞赛的意思，一个只有少数天才适合的智力活动，为何要绝大多数孩子跟着做“陪练”呢？

这显然不是奥数本身的过错，而是我们看待奥数的态度出了问题。“我是对你好，你不听话将来肯定后悔”。这样来自家长、老师的肺腑之言，我们小时候并没少听。被长辈逼着学奥数，是因为他们不想让孩子输在起跑线上，在功课难度、学生间差异不大的小学阶段，奥数成了拉开学生学习能力差距的重要手段，甚至是判断孩子是否聪明的标准。

虽然不少家长也深知孩子未必适合学奥数，但又不敢让孩子屈居人后。在望子成龙、望女成凤的心理下，盲目追求奥数学习和孩子的成功绑在一起，“奥数热”背后呈现了一种畸形的竞争与功利的教育。这种畸形的模式来自成人的功利世界，但这种不顾实际的盲从和竞争意识也不断低龄化，逐渐侵蚀着童年的快乐与纯真。

据调查数据显示，上海近年小学生选择校外奥数课程的比例，在三年级的时候大幅增加。具体来说，由一年级时（2008～2009学年）的35.27%，大幅提高到三年级时（2010～2011学年）的68.49%，再小幅提高到五年级时（2012～2013学年）的71.25%。随着年龄、年级的增长，孩子们面对的奥数学习的压力的确不断增大，这是和不合理的选拔方式息息相关的。

在理性、多元的学生竞争模式出现前，盲目追逐奥数热的现象恐怕难以消除。2002年，在我小升初的时候，本市几所名牌中学的入学考试都大大提高了数学题难度，不仅有小学奥数题，甚至还加入了中学数学的内容。为了能读名校并分入尖子班，我不得不拾起奥数辅导书，突击钻研了两个月，最终幸运地遂愿。但是，这段恶补经历反而让我彻底丧失了对数学的兴趣。十多年来，和我有过类似经历的学生绝不是少数，如果当初能换一种竞争方式，或许反而能帮助更多孩子走进数学梦。

小学时期是孩子智力成长、身体发育、性格培养和三观初成的关键时期，童年几乎奠定了人一生的基调，这样的黄金年代理应获得多元、理性的竞争意识。想证明一个孩子优秀的方式很多，比如写作能力强、唱歌好、擅长体育，甚至能和小朋友们愉快玩耍也是一种必要的能力，绝无必要只靠奥数来选拔优秀少年。幸运的是，近年来，已有越来越多的有识之士意识到了这点，选拔制度也随之改变。比如今年4月，西安小升初招考明确要求不得涉及奥数内容，要对学生的道德品质、行为习惯、审美情趣、心理素养、思维方式等方面综合测评，这无疑更符合孩子的成长规律。

（本文原发表于《中国青年报》2016年7月19日青年话题版）

# 大学评定助学金，不应该是“哭穷”“比惨”大会

近日，云南省教育厅发布了《关于进一步加强高校家庭经济困难学生认定工作的通知》（以下简称《通知》），要求各高校成立“学校学生资助工作领导小组，院（系）认定工作组，年级（或专业）认定评议小组”三级组织机构，并坚持民主评议和学校评定相结合的原则，精准识别对象。其中，评议认定不得要求申请认定学生在公开场合陈述申请理由。（云南网11月16日）

在大学做过班级工作的人都知道，评定贫困生、分配助学金是最棘手的难题之一。

其难度在于，其一，可获助学金者名额有限，在不少高校会出现供不应求的情况；其二，评定难度大，对评定流程的公平性和透明度有较高要求，若不能妥善处理，容易产生“猫腻”和群体不满。

更重要的是，在以往的评定流程里，申请助学金者的公开自我陈述是关键环节，有的同学碍于面子，宁可委屈自己也不想公开自己的贫困身份。

而公开陈述个人情况的同学，把个人痛苦、不幸的隐私暴露，无异于“二次伤害”，甚至有人会利用评定者的同情心，过度渲染、夸张穷困之时，甚至把评定会搞成了“比惨大会”“哭穷大会”，这些都是在实际操作中经常遇到的事。

因此，在维护评定公平和透明的同时，还要保护贫困生的个人隐私和尊严不受伤害，这就需要一些具体的、灵活的操作办法。以我在大学担任班长时的实际操作经验，评定贫困生可采用一种“匿名陈述法”。

当辅导员、班主任明确助学金人数后，由班长组织党员、班委和各宿舍代表（在这些人中取交集）组成评定小组，申请助学金的同学不用上台陈述，只需将个人情况写下来，交给评定小组的成员集体讨论。

为保护隐私，这些陈述文字上不署真名，只标记一个数字，而数字与名字的对应情况，只有这次评定的总负责人掌握。等小组熟悉申请者的贫困情况后，需进行投票，依据困难程度确定等级（一般是三个等级）。最后，由负责人落实评定结果并审核申请者陈述的真实性，比如，有官方开的贫困证明、家庭收入证明的，必须向负责人出示。

这样的流程虽然繁琐，但最大程度上保护了贫困同学的隐私，也让参评者心服口服，不会出现因助学金分配不公而引发的矛盾。

当然，这种方法最适用于大学初期的评定。“日久见人心”，等同学们之间熟悉起来，谁是真贫困、谁是假贫困、谁是不贫困，大家心里自有答案，便可以采用更直接、便捷的方案进行评定了。

说到底，对贫困生的经济资助，早就有国家政策层面的确认和支持。只是在政策的落实中，容易“上有政策、下有对策”，有的是“好心办坏事”，有的是有意吞吃国家福利，对于前者，应以合适的评定流程加以引导，对于后者，必须及时遏制，若有情节严重者，还应诉诸于法律的惩戒。遏制评定中“猫腻”的最好办法，还是应借助于以更科学、公平的方法、流程。

助学金金额少则几百，多则也不过几千，看似不是个大数目。但此事不可小视，维护贫困生的隐私和利益不受侵害，是彰显大学教育理念的途径之一，通过校园里的点滴关怀，尤其是细节上的人性化操作，会让贫困生感到大学与未来生活的希望，毕竟，爱的教育比其他繁琐冗长的理论说教更有价值。

（本文原发表于《中国青年报》2016年11月17日青年话题版，较原文略有修改）

# “慢就业”的年轻人绝不是“垮掉的一代”

在大洋彼岸的美国青年已经把“间隔年”当成毕业后的美妙选择多年后，终于有一些中国青年喊出了“慢就业”的口号。听闻此种现象，有些人对此嗤之以鼻，认为年轻人没有责任心，甚至称之为“垮掉的一代”，对此，我是不敢苟同的，我甚至有一些欣喜与快慰，在我眼中，这恰恰是当代中国青年就业观念多元化的体现，也是青年拥有独立判断力、执行力的表现。

与一些人的偏见不同，目前选择“慢就业”的年轻人，大多有其能自洽的逻辑道理。要厘清几个概念：“慢就业”不等于“不就业”，更不是传统意义上的失业，而是在没确定自己职业生涯方向前，不着急做出盲目的选择。“慢就业”中多数人是不盲目就业，少数人是找不到工作而待业，无论哪种情况，他们都与所谓“快就业”的保守、浮躁和极端功利不同，这难道不是有独立思想的表现吗？

究其原因，还在于就业环境的变迁和就业观的代际差异。直到20世纪末，大学生毕业还包分配，这就给很多人一种印象：只要我考上了大学，就一定有工作，好好表现或许还能分配到好工作。这种思维决定了，当时的年轻人只需要墨守成规，沿袭前人的成长轨迹，就能解决就业问题。但这归根结底是一种计划经济的思维方式，在市场经济大潮中早已不适用。由此，近年出现了大学生就业难的诸多现象，这让不少人开始怀念旧时代的稳定，与之相应的，在就业观上，他们也愈发无法忍受待业状态，而是十万火急地在毕业后落实工作。在这两种思维的影响下，有人对“慢就业”带有偏见也不足为奇。

但今天的年轻人不愿再固守前人窠臼了。“慢就业”的他们，或者选择去义工旅行，做公益；或者自主创业，和一些有同样观念的小伙伴一同追梦；哪怕就是“家里蹲”，只要其家庭经济条件允许，这是其个人的选择，合乎情理，没什么可指摘的。

这背后有一个思维模式，就是“好死胜过赖活着”。不愿意苟且，不随便落入不喜欢、不合适的工作环境，相比去干不顺心的事，不如不做。持这种想法的人不在少数。我有一个高中朋友，大学毕业后“家里蹲”三年，才在家人的督促下找了个工作。这三年里，他每日研究英文翻译，看似“不务正业”，实则极有主见。他靠着长期积累和天赋，现在做同声传译，收入已远高于当年那些勉强找到了不喜欢的工作的人。当然，他的故事不值得所有人效仿，但也没必要批评。

“成功只有一个，就是按照自己的方式，去度过一生”。作家当年明月曾这样以徐霞客的故事，反讽了明朝史上无数与俗世同浮沉的人。在中国传统观念里，徐霞客式的人物往往不被认同，经欧风美雨洗涤后，当代中国人里的“徐霞客们”越来越多，尤其是年轻人愈发有着这样的独立性，这是可喜而难得的进步。

“我想开一个面包房”“我想开一个花店”“我想做歌星”“我想当编剧”“我想去环游世界”……这是很多人少年时代的梦想，今天有年轻人站出来，不忘初心，继续追逐曾经的梦想，旁人岂有侧目的道理？“慢就业”的年轻人拒绝陈腐观念，蔑视既定的社会游戏规则，甚至以飞蛾扑火的精神来践行理想，他们的言行，是很多长辈不敢想、更不敢做的。

当然，凡事过犹不及。在激赏“慢就业”观念的同时，我认为不可偏执地一味追求所谓的个性，仰望星空的同时还要脚踏实地。社会环境和就业观会不断变化，但务实地追梦永远是令自身脱颖而出的根本法宝，“慢就业”者才会得到更多认同与鼓舞。

# 真正的“学霸”不会只靠成绩刷存在感

读大学时，常会听闻同学抱怨考试有难度，甚至担心“挂科”，能轻松应对各类考试者则常被誉为“学霸”称号。不过，近日兰州某高校的三位“学霸”的观点引发了各方争议，他们竟然联名“上书”校方，指责考试题目太简单，认为“部分课程考试题型单一、试题过于简单”“部分学生考前突击得高分影响公平”。

尽管有人为“上书”的惊人之语叫好，但仔细一想，问题绝非如此简单。正如其中一封信中所述，有些考试成绩“人人都是90多分”，“比别人多学的50%的知识好像白学了”，换言之，他们的“痛点”在于感受不到考试成绩在同学中拉开的差距，甚至藉此拥有的优越感也变小了。如果说学习考试是为了在成绩中显示别人和自己的差距，那么这种心态本身就有问题。众所周知，大学期末考试的功能在于考察日常所学，命题难度不可能、也不应该太大，重要的是检验学生日常所学是否用功到位，而不是刻意用难题怪题“吓唬”考生，这种考试堪称“过关型考试”。而高考、考研等考试则与之不同，堪称“选拔型考试”，只有少数人才能顺利拿到高分进而被名校录取。“学霸”本科生想找存在感，完全可以通过考取名校研究生来获得，不必在本科考试上大做文章，更不必认为“知识白学了”，若以功利之心揣测学习考试之事，自己的“学霸”身份则未免太过虚荣了。

另外，有一点也不能被忽视，孤立事件的观点不应该被当成普遍舆论来看待。就像这次事件中，一些人提出考试太过简单的现象，但这不等于该校所有专业所有考试都这么“水”。事实上，根据媒体深入调查，该校有些理工科专业学生顺利通过考试并不容易，而“上书”的观点在舆论中也的确遭到了不少人的质疑与否定。

更重要的是，真正的“学霸”不仅只是考试成绩上的优胜者，更应该是综合能力的强者。读书与实践不可分割，“学霸”绝不是只会考试的书呆子，而应该成为有社会竞争力、学术创造力的优秀青年。“博学而笃志，切问而近思”，酷爱读书的青年学子除却博览群书外，还应坚定理想意志，在读书内外踏实努力，进而实现自我价值。正如在湖南第一师范读书时的毛泽东不仅能写出被杨昌济激赏的“满分作文”，更兼有强大的社会实践能力和独立思考能力，能够超越课本与应试，成为阅读中国社会之大书的“学霸”，这才是真正应当被推崇的“学霸”精神。

当然，对此现象也不必矫枉过正，某些观点和当事人本身希望教学质量提高、考试更有意义的出发点无疑是好的，在不少大学风气混乱的今天出现这种“上书”也意味着渴望振奋高校学风者尚多，这当然是可喜的现象。要从根本上破解“学霸之惑”，还是要在多方面保障高校学生合理竞争的公平性。因为考试成绩与评奖、推优、保研、就业直接“挂钩”，以制度性建设减少其中“猫腻”方为上策，而不应依靠单纯提高考试难度拉开所谓的“差距”。与此同时，高校应着力引导学生在社会实践、学术成果、科研创造等非应试领域的锻炼与竞争，毕竟，真正的“学霸”绝不是只会在书斋里咬文嚼字的书呆子，若能提振“学霸”们的综合素质与能力，简单的几门期末考试对他们又有多重要呢？

理想
在云端